INTELIGÊNCIA
ESPIRITUAL

INTELIGÊNCIA ESPIRITUAL

Fábia Braga

:ns

São Paulo, 2025

Inteligência Espiritual
Copyright © 2025 by Fábia Braga
Copyright © 2025 by Novo Século Editora Ltda.

EDITOR: Luiz Vasconcelos
COORDENAÇÃO EDITORIAL E REVISÃO: Driciele Souza
PREPARAÇÃO: Angélica Mendonça e Francine Castro
CAPA: Raul Ferreira
DIAGRAMAÇÃO: Clara Wanderley

Texto de acordo com as normas do Novo Acordo Ortográfico da Língua Portuguesa (1990), em vigor desde 1º de janeiro de 2009.

Dados Internacionais de Catalogação na Publicação (CIP)
Angélica Ilacqua CRB-8/7057

Braga, Fábia
Inteligência espiritual / Fábia Braga. — Barueri, SP : Novo Século Editora, 2025.
192 p.

ISBN 978-65-5561-589-0

1. Autoajuda 2. Espiritualidade 3. Inteligência emocional I. Título

25-0594   CDD 158.1

Índices para catálogo sistemático:
1. Autoajuda

GRUPO NOVO SÉCULO
Alameda Araguaia, 2190 – Bloco A – 11º andar – Conjunto 1111
CEP 06455-000 – Alphaville Industrial, Barueri – SP – Brasil
Tel.: (11) 3699-7107 | E-mail: atendimento@gruponovoseculo.com.br
www.gruponovoseculo.com.br

Dedico este livro aos meus três universos brilhantes que nasceram dentro de mim: meus filhos, Pedro, Marina e Sabrina.

Dedico este livro a todas as mentes curiosas que exploram os vastos cosmos em busca de conhecimento.

Dedico a todos que dançam na órbita deste planeta azul.

Dedico a todos os que ainda irão nascer neste universo.

Dedico a você, viajante do espaço-tempo em evolução.

SUMÁRIO

INTRODUÇÃO
Seja sua melhor versão. Está pronto? _____ 11
   Bem-vindo ao lugar certo! _____ 14

CAPÍTULO 1
É agora ou nunca _____ 19

CAPÍTULO 2
Viver ou sobreviver? _____ 27

CAPÍTULO 3
Inteligência espiritual: o conceito _____ 35

CAPÍTULO 4
Desenvolva a inteligência espiritual _____ 41
   A importância do pensamento _____ 41
   Inteligência espiritual e disciplina _____ 43

CAPÍTULO 5
Vínculo da inteligência espiritual _____ 47

CAPÍTULO 6
Primeira lei de Newton aplicada à inteligência espiritual 55

CAPÍTULO 7
Segunda lei de Newton aplicada à inteligência espiritual 63

CAPÍTULO 8
Terceira lei de Newton aplicada à inteligência espiritual 71

CAPÍTULO 9
Teoria da relatividade aplicada à inteligência espiritual 77

CAPÍTULO 10
O poder da decisão: Daniel _____ 85

CAPÍTULO 11
Poder da percepção: o sexto sentido _____ 93

CAPÍTULO 12
Poder da diligência _____ 103
   Aspectos da relação entre diligência e sucesso ____ 104

CAPÍTULO 13
Potencializando cada instante _____ **115**
   Colham botões de rosas enquanto podem – Livre da
   procrastinação _____ 117
   Potencializando os instantes _____ 119
   Amplie a borda do seu envelope _____ 119

CAPÍTULO 14
Torne sua vida extraordinária _____ **123**

CAPÍTULO 15
Ressignifique sua história criando o seu futuro ideal ___ **129**

CAPÍTULO 16
Seja nobre, essa é sua essência _____ **137**
   Segunda estratégia de Jabez: atitudes e pensamentos nobres ___ 137
   A nobreza vai muito além dos projetos: está no campo
   da realização _____ 139

CAPÍTULO 17
Liberte-se _____ **143**
   Como gerar o movimento libertador? Romper a inércia pessoal _ 144
   Transformação e crescimento _____ 145
   Libertação do conformismo _____ 145
   O poder de escolha _____ 145
   Superação de limitações _____ 146
   Renovação da energia _____ 146
   Liberdade emocional _____ 146
   O poder do perdão _____ 146

CAPÍTULO 18
O poder da visão _____ **151**
   O poder da visão que transcende as circunstâncias ____ 153
   A visão na adversidade _____ 154
   A visão liberta _____ 154
   O poder da visão _____ 155
   Mantendo a visão viva _____ 155
   Quais são os benefícios de desenvolver uma vida com visão? ___ 156
   Como desenvolver uma visão? _____ 156
   Conecte-se com seus valores e propósitos _____ 157
   Sonhe _____ 157
   Visualize o futuro com clareza _____ 158
   Seja específico _____ 158

Desenvolva metas a longo prazo 158
Seja flexível e adaptável 159
Inspire-se em exemplos 159
Comprometa-se com o movimento e a ação 160
Cerque-se de pessoas que acreditam em sua visão 160
Confie no processo, mas faça escolhas. Decida e aja 160

CAPÍTULO 19
O poder da escolha e da decisão 163
O poder das escolhas 164
Todas as escolhas têm consequências 166
As escolhas geram oportunidades 166
Escolhas são liberdade 166
A escolha das atitudes 167
O poder das decisões 167
Decisões definem direções 168
O poder de decidir acordado 168
Decisões moldam seu caráter 168
Autorresponsabilidade 169
O poder da decisão no tempo certo 169
Decisões criam oportunidades 169
O poder de decidir com base em princípios 170
O poder de mudar de decisão 170
Decisões constroem confiança 170

CAPÍTULO 20
O poder da ação 173
A ação concretiza sonhos 175
A ação rompe a inércia 175
A ação supera o medo 175
A ação cria oportunidades 176
A ação gera resultados 176
A ação transforma obstáculos em degraus 177

CAPÍTULO 21
O poder da gratidão 181
A prática da gratidão 183

CAPÍTULO 22
Avance 187
A jornada nunca termina 190

INTRODUÇÃO

Seja sua melhor versão. Está pronto?

Nossa passagem por esta Terra é efêmera. Nossa existência neste belíssimo planeta azul é passageira, porém, somos seres eternos. **Carregamos a eternidade dentro de nós.** Como poeticamente as Sagradas Escrituras nos trazem em 2 Coríntios 4:7:

> *"Temos, porém, este tesouro em vasos de barro, para que a excelência do poder seja de Deus, e não de nós".*[1]

Desde quando começamos a amadurecer, iniciamos o nosso processo de evolução, no qual temos o belíssimo livre arbítrio de podermos nos tornar pessoas melhores a cada dia. Este livro, *Inteligência espiritual*, é sobre isto: sobre o nosso processo individual de evolução, sobre carregarmos a eternidade dentro

---

1   Os trechos da Bíblia utilizados neste livro têm como referência a versão Almeida Revista e Corrigida.

de nós, sobre a responsabilidade de nos tornarmos pessoas melhores a cada dia e assim não apenas sobreviver, mas viver.

Viver de forma única.
Viver de forma plena.
Viver de forma poética.
Evoluindo sempre...

Pelo fato de carregarmos a eternidade dentro de nós e termos sido criados a imagem e semelhança do Criador do Universo, é fundamental sabermos quem somos e que estamos em constante evolução.

O pilar do autoconhecimento é a autoconsciência.
O autoconhecimento nos liberta e nos potencializa.
O autoconhecimento nos leva à nossa melhor convergência e a entrar em fluxo.

Entramos em convergência quando extraímos o melhor de nós e, em fluxo, quando sentimos que as nossas atitudes estão de acordo com o nosso propósito. Precisamos despertar essas verdades dentro de nós. E isso requer ação. A ação clama por atitude, que, por sua vez, traz resultado. O resultado potencializa o significado da nossa existência.

Essa necessidade de uma vida plena exige mudança de hábito e treinamento contínuo; nosso processo evolutivo é diário.

A célula-máter de todo esse processo é a atitude. É dar o tom a ele. E a forma como lidamos com os desafios da vida infere diretamente na construção do nosso futuro.

Sem atitude, o nosso processo evolutivo fica prejudicado.

O filósofo estoico Epicteto enfatizava a importância de distinguir entre o que está sob nosso controle e o que não está. Ele acreditava que a verdadeira liberdade vem da mudança de atitude em relação às circunstâncias externas. Para Epicteto, a chave para a paz interior estava em distinguir entre o que podemos controlar e o que está além do nosso controle. Ele afirmava que podemos controlar nossas próprias ações, pensamentos e atitudes, mas não podemos controlar eventos externos ou as ações de outras pessoas.

Um dos célebres pensadores do século XIX, grande nome da psicologia e filósofo americano, William James, discutiu a importância da atitude mental em sua obra *As variedades da experiência religiosa*. Ele argumentava que as crenças e atitudes influenciam diretamente a nossa experiência de vida.

Por sua vez, o filósofo existencialista Albert Camus abordou a necessidade de mudar a atitude em face do absurdo da vida. Em *O mito de Sísifo*, argumentou que, embora a vida possa parecer sem sentido, podemos encontrar significado por meio da revolta e da mudança de atitude.

Em seu livro *Em busca de sentido*, Viktor Frankl relatou suas experiências nos campos de concentração nazistas durante a Segunda Guerra Mundial e expôs sua filosofia sobre a importância do significado na vida humana. Embora não seja um filósofo no sentido tradicional, o psiquiatra e sobrevivente do Holocausto escreveu também sobre a atitude. Ele defendeu que, mesmo nas situações mais difíceis, temos liberdade de escolha.

Friedrich Nietzsche enfatizou a importância da "transvaloração de todos os valores", que envolve mudar radicalmente nossas atitudes e perspectivas sobre a moralidade e a vida para alcançar um estado de superação pessoal.

A mudança de atitude é fundamental para que possamos alcançar uma vida autêntica; a atitude é crucial para que possamos encontrar o propósito em nossas vidas. No que tange a esse assunto, o filósofo, escritor e teólogo Soren Kierkegaard, um dos precursores do existencialismo, discutiu as mudanças para alcançar uma vida autêntica. Ele acreditava que agir de forma distinta era crucial para lidar com a angústia existencial e encontrar propósito, destacando a importância da individualidade e da experiência subjetiva.

Já para Soren, a verdade era subjetiva e cada pessoa deveria encontrar seu próprio caminho para a verdade e significado.

É exatamente isso que você vai adquirir nas páginas deste livro, que, tenho certeza, trará mudanças significativas em sua vida e o levará a adotar atitudes diárias em direção ao seu propósito de vida.

Atitude exige coragem. Coragem não é a ausência do medo, mas a resistência a ele. Nessa esfera, não há espaço para sermos floquinhos de neve ou mestres da sensibilidade. Precisamos evoluir e sermos mais selvagens que a própria selva, mais resistentes que o ferro, completamente impermeáveis. Logo, faz-se necessária essa conscientização, o florescer da autoconsciência.

Quando você está aberto a desenvolver a inteligência espiritual – a abrir-se para o equilíbrio mental e emocional – provavelmente terá um confronto consigo, mas isso é necessário. Você mesmo reeditará seu passado, sua história, sua biografia e transformará tudo em uma força propulsora que vai tirá-lo do lugar onde está para que pise nos campos da ousadia, da autoestima e da realização. Você encontrará dentro de si a sua melhor versão e, quando descobrir, jamais vai querer ser outra pessoa. Nesse momento, começará a se ressignificar.

A questão não é o que houve em sua trajetória chamada vida, mas o que você fez com os acontecimentos que ocorreram. É preciso descobrir o poder da ressignificação, dar um novo significado aos acontecimentos e ter uma postura diferente diante deles. Sua nova atitude mental irá fortalecê-lo para avançar em direção ao seu destino. Jamais seja vítima. Tudo o que se passa com você somente interfere em sua vida se você permitir.

Bem-vindo ao lugar certo!

Aqui você vai adquirir competências para evoluir alinhado ao seu propósito e, assim, construir o futuro que deseja.

A inteligência espiritual requer um treinamento que ocorrerá com a leitura e o estudo de cada uma destas páginas, e tenho certeza de que estará capacitado para ter as atitudes necessárias a fim de conquistar os seus propósitos. O desenvolvimento da inteligência espiritual não estará apenas nos momentos em que você estiver lendo ou estudando, mas alicerçado nos 86.400 segundos diários durante os quais a Terra completa seu movimento de rotação. Você vai aprimorar suas competências para pensar, sentir e agir com inteligência.

Em algum momento, no transcorrer da leitura, você se sentirá fortalecido e pronto para ir para o *front* de sua vida. Ao evoluir dentro do espectro da inteligência espiritual, o *front* será um ímã e um lugar seguro para você. Não haverá mais problemas de ressentimentos e mágoas, porque, como tudo flui naturalmente em um jardim, em sua nova versão, o perdão e a compreensão serão algo natural da sua personalidade.

Quando desenvolvemos o autoconhecimento e descobrimos o nosso propósito de vida, adotamos a necessidade de maximizar e potencializar a existência, resgatamos a nossa verdadeira identidade como "semelhante ao Criador do Universo" e utilizamos tudo aquilo que a Força Mais Poderosa do Universo nos deu e colocou à nossa disposição para que usássemos a nosso favor.

"Se quiserdes, e ouvirdes, comereis o melhor desta terra"
(Isaías 1:19).

"Porque eu bem sei os pensamentos que penso de vós,
diz o Senhor; pensamentos de paz, e não de mal,
para vos dar o fim que esperais"
(Jeremias 29:11).

"E não vos conformeis com este mundo, mas transformai-vos
pela renovação do vosso entendimento, para que experimenteis
qual seja a boa, agradável, e perfeita vontade de Deus"
(Romanos 12:2).

Dentro desse contexto, é de extrema importância sabermos quem somos. O autoconhecimento nos liberta, nos potencializa, nos leva à nossa melhor convergência e nos coloca em fluxo.

A leitura deste livro vai instigá-lo a resistir ao medo e fazer com que o próprio medo tenha medo do novo você. Nas páginas deste livro, você irá descobrir o seu verdadeiro propósito de vida. Prepare-se para o seu novo você. Inicia-se o momento em que você vai conhecer a sua melhor versão e apresentá-la a todos.

Enquanto o medo o paralisa, a atitude, que chamo de antídoto do medo, o leva ao território da coragem. Enquanto a ausência do propósito de vida definido turva a sua visão, a descoberta do seu verdadeiro propósito de vida irá te levar a uma vida plena; a viver e jamais sobreviver.

E então? Você está disposto a potencializar sua vida por meio de atitudes e mudança de hábitos? A ter uma atitude nunca experimentada antes? Está determinado a ultrapassar toda e qualquer linha do medo, rompendo com ele e pisando no território da ousadia e da realização? Está pronto para desenvolver o autoconhecimento e o seu verdadeiro propósito? Está pronto para evoluir?

Não tenho dúvida de que 90% dos seres humanos não compreenderam em essência, origem e substância a frase dita por Cristo, relatada pelo médico Lucas no capítulo 17, versículo 21 do Evangelho de Lucas:

"Porque o reino de Deus está dentro de vós".

Isso é simplesmente extraordinário e essa verdade nos torna seres extraordinários e, como dito no início, seres eternos.

Diante dessa frase, podemos compreender que a chave para potencializar e maximizar nossa existência está dentro de nós e, por mais que a tenhamos, muitos ainda não descobriram o segredo para uma vida plena, com objetivos realizados. Alguns até sabem que são verdadeiras potências e ogivas nucleares, porém não agem como tal. Se perdem em suas atitudes por não saberem o seu propósito. Conformam-se vivendo à margem de uma vida vitoriosa, culpando o passado, e, em vez de ocuparem o lugar principal no teatro existencial, acomodam-se na plateia de sua própria vida, sendo conformistas e coitadistas, ou ainda ficando com raiva de outras pessoas e achando que todos são culpados por suas falhas. Entenda, o seu futuro está dentro de você, e o momento de construí-lo é agora.

Você não é vítima de uma conspiração universal; isso não existe. Você está sendo vítima de sua autossabotagem, que está com os minutos contados para se encerrar. Como Cristo disse e está relatado no Livro de João, capítulo 8, versículo 32:

"Conhecereis à verdade e a verdade vos libertará".

Se você está lendo este livro é porque o seu momento é agora. O tempo não pode esperar. Decida agora mesmo que, por estas páginas, você encontrará o seu verdadeiro propósito, a melhor versão de si e se autopotencializará: terá o compromisso consigo de que, cada vez que o Sol raiar em sua vida, você se tornará uma melhor versão do que foi no dia anterior. Isso mesmo, a partir de agora você tem o compromisso de todo dia ser melhor que no dia anterior. Está pronto?

Muitos vivem encarcerados em si e, ainda que saibam que estão dentro de um cárcere – que os priva, de forma direta, de uma vida abundante –, preferem a mesmice para manter um rótulo ou algo parecido, em vez de romper as barreiras e assumir sua verdadeira essência, sua própria liberdade. Em qualquer situação, podemos escolher nossas atitudes frente às circunstâncias.

Viver em liberdade é aprender, ressignificar, sentir-se, explorar ao máximo seu estilo, a fim de conhecer a pessoa autêntica e única que você é. Quando sabemos quem somos, tornamo-nos pessoas poderosas. Como você não pode cancelar os efeitos das leis da física e da natureza, não pode anular o seu processo de evolução; mas pode evoluir diariamente encontrando o seu verdadeiro eu.

Se sabemos quem somos, não precisamos conquistar a liderança ou a admiração de outras pessoas impondo medo, legalismo e religiosidade ou aumentando a voz. Essas atitudes são atestados de péssima autoestima e necessidade de forçar o respeito. O verdadeiro respeito nasce dentro de você por você mesmo, devido ao processo de autoconhecimento e quando se tem atitudes alinhadas com o propósito de vida.

"Haja luz. E houve luz"
(Gênesis 1:3).

Este livro instiga você a ser o ator principal de sua própria vida, a ir para o *front* independentemente das circunstâncias e encontrar sentido em todo o seu processo evolutivo e sua experiência de vida.

O objetivo é que você saia, de fato, da zona de conforto despido de qualquer medo e vá para a linha de frente. O objetivo é inspirá-lo e desafiá-lo a ter atitudes diárias para conquistar uma vida plena e ser uma pessoa melhor.

A intenção é contribuir para o seu autoconhecimento, de modo que você faça a descoberta mais importante de todas: quem você é. Está pronto? Está preparado? Você será triplamente empoderado!

Este é o início de uma caminhada pelo território da resistência a qualquer tipo de medo; pise forte na zona da coragem e da ousadia. A partir de agora, você vai conhecer o universo da inteligência espiritual que está dentro de você e terá habilidade em todas as áreas para, enfim, viver uma vida plena de realização e sucesso; viver em convergência, em fluxo, e extrair o melhor de si. Você será sua melhor versão.

Acredito que tudo vai virar de cabeça para baixo e você vai se surpreender com a pessoa que é. Não há por que temer: no *front* é onde as grandes realizações acontecem. Você precisa assumir o papel principal de sua vida e saber que existem leis bíblicas e universais que regem tudo; elas não vão se adaptar a você, é você que tem que se adaptar a elas.

Está pronto para esse novo desafio transformador? Está pronto para encontrar o seu verdadeiro propósito? Preparado para deixar de ser conformista ou coitadista? Para sair da plateia e subir no palco com o papel de ator principal de sua vida? Para compreender que não existe nada inócuo nesta existência e iniciar uma vida de atitude? Está pronto para ser empoderado? Está disposto a iniciar um novo capítulo em uma história de disciplina, atitudes e propósitos realizados? Para aprender a essência da verdadeira liderança? Está pronto para se tornar um líder de verdade?

Este é um princípio irrefutável: o verdadeiro líder primeiramente lidera a si mesmo. Autogoverna-se.

Rompa com o cárcere do coitadismo. Cesse o cárcere do conformismo. Aprenda a perdoar os outros e a si mesmo de uma maneira natural, sem forçar. Assuma, realmente, o que você quer para sua vida e aonde quer chegar. Você vai criar o seu futuro.

Sonhe... sonhe... e, mais uma vez, sonhe! Sinta a proximidade da realização dos seus desejos. A partir deste momento, a única pessoa que pode impedir a concretização dos seus sonhos é você mesmo.

O destino não é uma utopia ou algo já determinado, mas um lugar, e você vai construí-lo conforme os seus propósitos. Somente você poderá tirá-lo de onde está em direção à realização dos seus sonhos e a uma vida de propósito.

Escolha!

Adote o senso de urgência.

O tempo passa.

O seu momento é agora.

Não há mais um segundo a perder.

A inteligência espiritual será o seu estilo de vida.

Portanto, senhores leitores, apertem os cintos, pois vamos decolar em direção ao seu melhor destino e à sua melhor versão.

Uma vida com significado é pautada no contínuo desenvolvimento da autoconfiança. A base para a autoconfiança é o autoconhecimento que nos leva a ser autorresponsáveis e a agirmos de maneira correta quanto aos nossos objetivos.

Fábia Braga

CAPÍTULO 1

É agora ou nunca

Dizia o cientista Carl Sagan em seu livro *Pálido ponto de luz*: "Nosso planeta é apenas um ponto de luz, um *pixel* solitário". A grande diferença é que aqui vivemos, vivem e viverão pessoas que amamos. Aqui é o lugar onde temos todas as chances de construir uma vida plena e abundante. Uma única vida. E a oportunidade neste planeta azul é ímpar, não vai se repetir. O momento é agora. Qual momento? O seu momento presente!

Poeticamente, Deus nos deu a Terra para habitar, o único planeta da Via Láctea com todas as condições necessárias para sustentar a vida que conhecemos. Entre elas, há a presença de água líquida, uma atmosfera estável e uma distância adequada do Sol para garantir temperaturas.

Em seu movimento de rotação, de aproximadamente 1.670 km/h, o nosso lar recomeça os nossos dias, trazendo novas oportunidades. Em seu movimento de translação, poeticamente a Terra realiza um movimento ao redor do Sol em uma órbita elíptica, nos direcionando sempre para o presente. O momento presente.

A relação entre os movimentos de rotação e translação da Terra e o momento presente é um poema de tempo e espaço, uma dança contínua que molda nossa experiência do agora.

A rotação é a batida do coração do tempo, marcando cada instante com a precisão de um relógio cósmico. É esse giro que define o dia e a noite, que desenha a passagem do Sol no céu, dividindo nossas vidas em ciclos de luz e escuridão. Cada amanhecer é um novo começo, cada pôr do sol, uma conclusão. No presente, estamos sempre no limiar entre o que foi e o que será, suspensos na transição contínua que a rotação proporciona.

A translação é a grande jornada, a marcha lenta e grandiosa que nos leva de uma estação a outra. Esse movimento dita o crescimento e a renovação, a mudança das folhas, o florescer, a chegada do inverno. O presente é um ponto nessa vasta órbita, um momento capturado no movimento eterno da viagem ao redor do Sol. Estamos constantemente em movimento, sempre avançando; cada segundo, uma progressão nessa épica peregrinação celestial.

Juntos, rotação e translação são os artesãos do nosso presente, esculpindo cada momento com a precisão de um mestre. A rotação nos dá o agora, o instante palpável em que podemos sentir e viver. A translação nos dá o contexto, o cenário em que o agora se desenrola, a grande narrativa de tempo e mudança. Estamos sempre no presente, moldado por movimentos antigos e constantes, uma dança que começou há bilhões de anos e que continua a nos embalar, nos impulsionar, nos definir.

Então, o presente é um reflexo da dança eterna, uma celebração do movimento contínuo, uma lembrança de que somos parte de algo maior, uma coreografia cósmica que nos conecta ao universo.

Deus criou tudo de uma forma tão bela que tudo nos favorece. No agora, um presente divino, temos a oportunidade de refletir sobre nossa jornada, de fazer os ajustes necessários e de buscar uma vida plena e abundante. A criação de Deus nos dá o cenário perfeito para isso, um mundo cheio de possibilidades e maravilhas a serem exploradas.

Eu gosto do termo "presente". Vivemos nele; e neste tempo e espaço real precisamos aproveitar todas as oportunidades e viver intensamente, construindo, reconstruindo nossa história e fazendo as edições necessárias em cada capítulo da vida. No presente criamos o nosso futuro. Isso é irrefutável.

Somos seres eternos. Carregamos a eternidade dentro de nós. Construímos nosso futuro no presente com nossas escolhas e atitudes.

No vasto salão do cosmos, onde estrelas dançam e nebulosas sussurram segredos ancestrais, a Terra gira e orbita, tecendo o tapete do tempo. É no presente, neste instante efêmero e eterno, que criamos o nosso futuro, como escultores cósmicos, moldando o inexplorado com mãos de luz e sombra.

Neste presente, um bem divino, temos o poder de criar o amanhã. Como navegadores estelares, traçamos rotas a partir de nossas escolhas. Cada momento é uma oportunidade; cada segundo, uma chance de transformar, de crescer, de evoluir.

As nossas escolhas definem o nosso futuro. Cada decisão que tomamos, por menor que seja, contribui para a construção do caminho que trilhamos. Por meio de nossas escolhas, moldamos o curso de nossas vidas e influenciamos o mundo ao nosso redor.

No vasto teatro do cosmos, onde estrelas cintilam como testemunhas silenciosas, somos os protagonistas de nossa própria jornada. A cada escolha que fazemos, traçamos uma nova rota, desenhando constelações de possibilidades no céu do nosso destino.

Assim, em cada decisão reside o potencial de definir o futuro. Somos os arquitetos do destino, esculpindo com mãos decididas e corações visionários o caminho que desejamos trilhar. O presente, com todas as suas oportunidades, é o palco em que as escolhas se materializam, tecendo o futuro que aspiramos viver.

No presente, podemos ressignificar os acontecimentos do passado, tornando-o uma estação em que tudo o que acontece e construímos contribui para o futuro que desejamos. É no agora que edificamos o amanhã.

Toda essa descrição nos conscientiza que temos um compromisso bastante sério conosco: tornarmos nossa vida extraordinária. Você não pode esperar que alguém faça isso por você. Você é o único responsável pela sua vida. O seu momento é agora, o presente. O que você deve fazer é algo simples, que está a seu alcance, dentro de você. Deus nos concedeu o livre arbítrio. Ele nos ama tanto que nos criou livres.

O livre arbítrio, um bem concedido por Deus, é a capacidade de escolhermos nossos próprios caminhos e, assim, construirmos nosso futuro. Esse dom precioso nos confere a responsabilidade e a liberdade de moldar nossas vidas e de influenciar o mundo ao nosso redor.

O livre arbítrio é a bússola que nos guia pelo oceano do tempo, permitindo-nos navegar por mares calmos e tempestades turbulentas. É a capacidade de decidir, de escolher entre o bem e o mal, entre o caminho da luz e o da sombra. A cada decisão, lançamos sementes no solo do presente, esperando que floresçam no jardim do amanhã. O livre arbítrio nos dá a liberdade de sermos criadores de nossa própria jornada, arquitetos do nosso destino.

No grande esquema do cosmos, no qual as leis físicas governam o movimento dos astros, o livre arbítrio é a força invisível que nos permite definir trajetórias. Como planetas que orbitam estrelas, nossas vidas são influenciadas pelas escolhas que fazemos, cada decisão altera o curso da jornada.

Ainda, o livre arbítrio é a força propulsora que nos permite desviar de órbitas predeterminadas e explorar novos horizontes. É o poder de escolher, de agir com propósito e intenção, de seguir caminhos que ressoam nossas crenças e valores. Esse dom divino nos dá a capacidade de sermos mestres de nossa própria existência.

Temos tudo para tornar a nossa vida extraordinária – é um direito de todos a usufruir; nos foi presenteado pelo Criador do Universo e conquistado por Cristo. Cabe a nós decidirmos viver ou não extraordinariamente. É uma questão de decisão, escolha e atitude.

No vasto teatro do universo, no qual a eternidade e o infinito se encontram, Cristo desceu à Terra, trazendo consigo a luz da redenção. Em sua crucificação, rompeu as correntes do passado, libertando-nos das sombras de nossas falhas, erros, pecados, culpas e acusações. Sua ressurreição foi o alvorecer de uma nova Era, um renascimento que nos oferece a graça divina para viver de maneira plena e abundante.

Como uma estrela que explode em uma supernova, Cristo quebrou os grilhões do nosso passado, transformando a escuridão em luz. Sua morte na cruz foi o ato supremo de amor, um sacrifício que limpou nossas transgressões e nos deu um novo começo. O passado, com todas as culpas e arrependimentos, foi consumido pelo fogo da graça, deixando-nos livres para abraçar o presente com um coração renovado, e livres, verdadeiramente livres, desenharmos nosso futuro.

A graça de Cristo é um presente celestial, um bálsamo que cura nossas feridas e nos dá força para seguir em frente. É como a luz do Sol que dissipa a neblina da manhã, revelando um horizonte repleto de possibilidades. Vivemos na graça quando escolhemos perdoar, amar e caminhar na luz que Cristo nos deu. Cada dia é uma nova oportunidade de refletir essa graça em nossas ações, de ser um farol de esperança e amor em um mundo, muitas vezes, escuro e desolado.

Compreender que Cristo rompeu com nosso passado e nos deu graça para viver é um convite a uma vida de transformação contínua. Cada dia é uma oportunidade de renovar nosso compromisso com Cristo, de permitir que sua graça transforme nossos corações e ações, de maneira plena e redimida. Sua morte e ressurreição não apenas nos libertam das sombras do passado, mas também nos oferecem a luz da esperança e do amor para guiar nossos passos no presente e no futuro.

Vivamos, então, na plenitude dessa graça, refletindo o amor de Cristo em cada momento de nossas vidas. Vivamos intensamente sabendo que somos livres. Vivamos intensamente sabendo que podemos reeditar cada capítulo de nossa história. Vivamos intensamente sabendo que o seu momento presente irá definir o seu futuro e tudo isso depende somente de você.

Espero de todo o meu coração a sua compreensão de que o seu "momento é agora".

Em seu livro *Em busca de sentido*, Viktor Frankl, um renomado psiquiatra e neurologista austríaco, trouxe esse conceito para a existência humana. Essa frase encapsula a ideia central de sua filosofia: a noção de que os seres humanos, primeiramente, existem e, só então, criam significado e propósito para suas vidas por meio de suas ações e escolhas. Cabe a nós darmos o tom do significado a nossas vidas. Para isso, precisamos saber o verdadeiro propósito. Devemos viver, sim, e não sobreviver, conferindo um significado especial à existência; o que, muitas vezes, implica ressignificar vários acontecimentos. Mas, enfim, porque não fazer isso agora? O futuro clama!

Uma vida com significado é construída a partir do desenvolvimento contínuo da autoconfiança, que se revela crucial para as tomadas de decisões. A autoconfiança é determinante para que possamos fazer nossas escolhas. Ela, de forma verdadeira, nasce após a autoconsciência. Bruce Barton, um renomado publicitário, político e escritor estadunidense do início do século XX, conhecido por suas reflexões inspiradoras sobre coragem, liderança e superação, certa vez disse que "nada de esplêndido jamais foi realizado a não ser por aqueles que ousaram acreditar que algo dentro deles era superior às circunstâncias".

Quando você é consciente de suas qualidades, pontos fortes e áreas para melhoria, isso pode aumentar sua confiança. A compreensão de si mesmo pode ajudar a moldar expectativas realistas e a tomar decisões fundamentadas, o que contribui para um sentimento de crença em suas capacidades.

A autoconsciência permite que você receba feedback de maneira construtiva e faça ajustes em suas ações e seus comportamentos. Isso é essencial para o crescimento pessoal e profissional, fortalecendo ainda mais a autoconfiança ao longo do tempo. Juntas, autoconsciência e autoconfiança estão interligadas de maneira significativa, com a primeira fornecendo a base e o *insight* necessários para construir e sustentar a segunda.

Neste exato momento, há algo dentro de você que brilha milhares de vezes mais intensamente do que as circunstâncias que você enfrenta. Descobrir sua verdadeira essência é o primeiro passo para cultivar uma autoconfiança e perceber o potencial que você pode alcançar. Adote um estilo de vida de autoconhecimento, como uma jornada interestelar de autodescoberta, na qual, a cada dia, você se aprimora ao construir uma trajetória única. A verdadeira autoconfiança surge do autoconhecimento, um contínuo desbravar de suas galáxias internas, não um destino, não um fim, mas um meio para um estilo de vida extraordinário.

Pontuo que, antes do autoconhecimento, precisamos desenvolver o hábito da autoconsciência, referente à capacidade de uma pessoa estar desperta sobre si mesma, seus pensamentos, suas emoções, seus comportamentos e seu impacto sobre os outros e o ambiente.

O desenvolvimento da autoconsciência nos leva a ter a capacidade de reconhecer e compreender nossas próprias emoções, bem como seus efeitos sobre ações e decisões. Nos traz a capacidade de avaliar objetivamente habilidades, pontos fortes, fraquezas e áreas de melhoria. Abre o leque de entendimento em uma jornada de percepção sobre a identidade, incluindo valores, crenças e princípios e como eles influenciam escolhas e, como resultado, nos levam ao autocontrole – que é a capacidade de monitorar e regular emoções, impulsos e comportamentos em diferentes situações.

Autoconscientes, desenvolvemos o autoconhecimento, que nos traz a autoconfiança, condutora, como ótima consequência, da autoestima. Primeiramente, você se torna autoconsciente; em seguida, começa a se conhecer. Com esse conhecimento, saberá realmente quem você é, para o que foi criado, e estará confiante para chegar ao destino desejado. Tudo isso potencializa sua autoestima. Tudo isso faz com você realmente seja a sua melhor versão de si.

A ausência da autoconfiança turva a visão. As pessoas com autoconfiança limitada não ousam no território da coragem e ousadia. Evitam o *front* e se conformam em suas vidas, culpando tudo e todos, e se vitimizando. Aqueles que não têm autoconfiança gostam de hastear a bandeira do autoritarismo ou da liderança baseada no medo – mais ou menos como "comigo ninguém pode". Realmente: você nem consegue viver consigo. Entretanto, a boa notícia é a possibilidade de mudança hoje mesmo. O autoconhecimento traz a necessidade da automudança.

Reconhecer seu centro de responsabilidade na vida é crucial. No "agora ou nunca", a partir deste momento, não culpe alguém por algo em sua jornada. Libere o perdão quando for necessário, sem julgar se a pessoa ou situação merece. O perdão será libertador para você. Elimine qualquer vínculo de mágoa, rancor ou ressentimento. A escolha é sua... Continuará se vitimizando ou usará este momento presente para elevar sua trajetória?

No vasto cosmos da existência, reconheça seu centro de gravidade, no qual a responsabilidade se entrelaça com sua jornada estelar. No eterno agora, não culpe astros distantes por desvios de sua órbita. Libere o perdão como uma supernova de luz, transcendendo julgamentos sobre merecimento. Dissolva os laços de mágoa, como cometas que queimam ao entrar na atmosfera da renovação. Escolha entre ser estrela-guia ou se perder na escuridão cósmica.

Desenvolver os princípios da inteligência espiritual permitirá a você explorar e compreender profundamente a si mesmo. Isso inclui ganhar autoconsciência, autocontrole, autodisciplina e autodomínio, fundamentais para construir uma base sólida de autoconfiança. Ao aplicar esse método, você se sentirá bem consigo mesmo e com os outros; terá confiança suficiente para agir de maneira correta e sempre alinhada com seus valores; descobrirá o quão gratificante é ser autêntico. E, uma vez encontrado esse caminho, não sentirá mais a necessidade de ser outra pessoa.

DICAS DE OURO

No vasto universo da existência, temos o direito inalienável de buscar a felicidade, de construir uma vida repleta de sucessos e conquistas. O desenvolvimento da inteligência espiritual transcende um simples método. É um conjunto de conhecimentos sobre princípios, habilidades, valores e práticas que vão definir o seu novo estilo de vida. Para isso, é essencial cultivar a autoconfiança. Esse caminho nos permite dar um significado positivo à nossa jornada. A autoconsciência é o alicerce dela, surgindo do profundo autoconhecimento, uma jornada que requer coragem para se explorar, questionar, aceitar, mudar, perdoar a si mesmo e aos outros, além de ressignificar os eventos da vida.

Tudo se resume a escolha, decisão e ação. A atitude requer audácia para enfrentar o medo e adentrar o território da coragem. Coragem não é ausência de medo, mas a capacidade de enfrentá-lo.

Escolha. Decida. Aja.

As decisões que tomamos hoje moldam nosso futuro. O que você deseja alcançar daqui a dez anos? O que está impedindo você de conquistar isso agora? O momento para agir é agora. Não há mais tempo a perder.

O desenvolvimento da inteligência espiritual vai além de um método; é a adoção de um novo estilo de vida.

Então, é agora ou nunca? Sim, é agora!

O autoconhecimento nos traz a tão almejada paz de espírito; ele surge do aprendizado. O aprendizado não é um fenômeno isolado, é um circuito de estímulos e respostas que convergem para uma adaptação sistêmica.

Fábia Braga

CAPÍTULO 2

Viver ou sobreviver?

Para viver uma vida extraordinária, é essencial adotar um estilo de vida que promova o desenvolvimento contínuo de nossa inteligência espiritual. Não se trata apenas de tomar uma decisão única, mas sim de um compromisso de crescimento ao longo da vida, um constante aprendizado. Esse processo não é um fenômeno isolado, senão um circuito dinâmico de estímulos e respostas que podem fortalecer nossa capacidade de adaptação.

Ao ler este livro, você está cultivando novas habilidades que podem transformar sua vida. É um processo evolutivo de crescimento diário, em que a prática se dá no momento presente. Quanto mais desenvolvemos nossa inteligência espiritual, mais sentimos a necessidade de aprofundar esse conhecimento, que se revela como um vasto universo interior.

A prática constante da inteligência espiritual permite o melhor conhecimento de si mesmo, o cultivo de autoconfiança e, consequentemente, o desenvolvimento de uma excelente autoestima. Esse caminho não apenas nos capacita a lidar com desafios, mas também nos orienta na busca por uma vida plena de significado e realizações.

Todos os dias ao acordar pela manhã, você recebe um presente verdadeiramente precioso: um saldo de 86.400 segundos. Cada segundo que passa é irrecuperável, é como uma estrela cadente, um momento efêmero que não retorna. Ao fim do dia, esse saldo é zerado, sem possibilidade de transferência para o amanhã.

Essa analogia ilustra uma importante diferença entre a matemática financeira e a matemática da vida. Enquanto no mundo financeiro podemos acumular saldo de um dia para o outro, na vida diária, cada dia começa com um novo saldo de tempo que deve ser usado com sabedoria. Não há acúmulo ou carregamento automático para o próximo amanhecer; há um presente renovado toda manhã, pronto para ser investido em experiências, aprendizado e crescimento pessoal.

Ou você decide, hoje, entender que na vida nada é inócuo, tudo conta e você tem o dever de fazer bom uso de cada um dos segundos com os quais é presenteado diariamente, ou continua perdendo tempo em sua vida. Quem perde tempo, perde vida. Para potencializar o seu presente de 86.400 segundos diários, é preciso ser a melhor versão de si mesmo. Tenho certeza de que você já está compreendendo isso.

No próximo amanhecer, esteja consciente de que está no agora e que foi presenteado com 86.400 segundos. Maximizar cada um deles é enriquecer sua jornada; perder tempo em atividades vazias, ressentimentos, murmurações, procrastinações ou magoas é desperdiçar uma parte preciosa da sua existência, única existência. O tempo, como o tecido do universo, é a essência da vida.

O célebre escritor Dr. Myles Munroe destacou de forma notável que o cemitério é o local mais rico do planeta, pois é lá que estão enterrados inúmeros tesouros, lá estão enterrados áreas de influências que poderiam ter sido alteradas e não foram. Infelizmente, isso é uma verdade impactante. Quando deixamos de lutar pela realização de nossos sonhos e ideais, corremos o risco de enterrá-los junto conosco no cemitério da vida. Acredito veementemente que você não irá deixar sua contribuição se perder nas riquezas dos cemitérios.

Inicie o dia com a frase: "Este dia será extraordinário". Aja de maneira positiva. Encare cada situação de forma positiva. Aprenda a ouvir o silêncio do presente. Ouça mais, fale menos. Tudo conta para que o seu dia seja melhor. Faça o que for necessário para que, quando for dormir, você possa dizer: "Este foi um grande dia". Aja de maneira tal que, diariamente, você celebre a vida, a sua existência.

Diariamente:

- **Persiga os seus sonhos:** identifique seus objetivos e trabalhe diligentemente para alcançá-los, aproveitando ao máximo cada oportunidade.
- **Aja com determinação:** tome decisões corajosas e mantenha o foco em suas metas, mesmo diante de desafios e adversidades.
- **Aproveite o presente:** valorize cada momento e use seu tempo sabiamente para realizar o que é significativo para você.

- **Cultive relacionamentos:** invista em conexões significativas com outras pessoas, compartilhando amor, apoio e aprendizado ao longo da vida.
- **Apreenda a crescer continuamente:** busque conhecimento e desenvolvimento pessoal constante, expandindo suas habilidades e perspectivas ao longo da vida.

Seguindo esses princípios, você pode ter uma vida plena e significativa, garantindo que seu potencial e suas contribuições não sejam enterrados, e sim vividos e compartilhados com o mundo, potencializando, dessa maneira, a sua área de influência.

Lembre-se: você é livre. Escolha orientar suas ações com essa liberdade. Comece a agir assim. Inicie o dia acreditando que tudo vai dar certo. Acredito que você já tenha compreendido que todo o universo conspira a seu favor. Valorize cada um dos preciosos segundos diários. Treine-se para abandonar queixas, cultivar gratidão e viver plenamente, não apenas sobreviver.

O conhecimento necessário para uma vida extraordinária não é estático, mas um processo contínuo. Ele não é um destino final, senão um caminho, um aprendizado diário no qual agregamos valores e encontramos um significado pleno para nossa existência.

Estamos na era do treinamento, focados em desenvolver várias habilidades em diversos segmentos. Contudo, frequentemente deixamos de lado o treinamento da nossa inteligência emocional, crucial para manter uma coerência.

Quando Deus nos criou à Sua imagem e semelhança, nos dotou de racionalidade, inteligência e conhecimento. Essa semelhança essencial nos capacita a fazer escolhas e tomar decisões, privilégios significativos que devemos utilizar sabiamente em nosso benefício. A cada processo de escolha e decisão, é crucial entender que colheremos os frutos das nossas ações. As escolhas moldam nossa jornada e impactam diretamente nosso destino.

O estado emocional presente, a partir do qual fazemos as escolhas, moldará diretamente nosso estado emocional futuro. Assim, compreendemos que dentro de cada um de nós reside um universo magnífico, reflexo da imagem e semelhança do Criador, cuja complexidade exige um constante exercício de autoconhecimento e autodescoberta. Como afirmou Sócrates, "conhecer-te a ti mesmo é o primeiro passo para alcançar a paz de espírito e a sabedoria interior".

Muitos vivem uma vida agitada, sem experimentar a verdadeira paz interior que vem do autoconhecimento profundo. Jesus Cristo ensinou que "Conhecereis a verdade, e a verdade vos libertará" (João 8:32), ressaltando que o entendimento genuíno é essencial para alcançar uma liberdade espiritual e emocional completa.

Tentamos conhecer tantas coisas, mas frequentemente desconhecemos a nós mesmos. Nosso maior recurso somos nós, nossa vida, e muitas vezes a negligenciamos por falta de autoconhecimento. Se você está começando a sentir isso, está iniciando o desenvolvimento da autoconsciência. O autoconhecimento que proponho está fundamentado no processo evolutivo da sua inteligência espiritual, explorado neste livro; no entanto, isso exigirá coragem, ousadia, disciplina e atitude.

Vamos embarcar verdadeiramente em uma jornada interior e explorar o território da coragem. Tenho certeza de que você tem projetos significativos que deseja realizar. É inegável que seus planos podem se concretizar, dependendo somente de suas escolhas. No entanto, neste momento, é crucial construir uma base sólida para esses projetos, fundamentada na coragem e no autoconhecimento. É essencial compreender a si mesmo, dominar suas próprias habilidades. Não se trata apenas de alcançar alturas impressionantes, mas sim de cultivar a profundidade e solidez de sua estrutura interior. Vamos começar a trabalhar nessa fundação interior que reside em você.

Adote esta expressão no seu dia a dia: inteligência espiritual. Tenho certeza de que, a partir do momento que você começar a desenvolvê-la e a se autoconhecer, você agirá de maneira diferente, pois terá a certeza de alcançar sucesso em seus empreendimentos. Você saberá quando, como e por que agir. Conhecendo o seu universo interior, saberá se mover em direção ao sucesso em seus empreendimentos.

O Criador nos fez à Sua imagem e semelhança e nos presenteou com a liberdade. Nossas atitudes são moldadas pelas escolhas que fazemos. Decida ser a melhor versão de si mesmo a partir deste momento. Não aceite em sua vida nada menos do que isso. Você pode ser sua melhor versão a cada dia; o processo é contínuo. Não é a combinação de espaço, ambiente e genética que determina suas ações. Você não é um produto do meio. Você não é um produto. Você é a imagem e semelhança da força mais poderosa do Universo, do Criador. Suas ações são determinadas pelas escolhas que faz.

Adotando o estilo de vida com o desenvolvimento contínuo da inteligência espiritual, você terá uma autoconfiança inabalável e seu universo interior não será o mesmo. Por quê? Porque com ela, você estabelece metas verdadeiramente significativas e elevadas. Você faz escolhas precisas usando sua liberdade genuína, planeja audaciosamente e sabe que pode realizar cada objetivo. Você rompe com os grilhões do passado, perdoando e encontrando novos significados para sua trajetória até então. Ressignificando o que for necessário.

Essa transformação traz uma mudança profunda: você pensa, sente e age de maneira positiva, fortalecendo a sua interioridade; você se protege contra críticas e ameaças, e não precisa mais se deixar definir por elas. Você será completamente livre para percorrer sua trajetória e criar um legado em sua convergência. Em suma, será a melhor versão de você mesmo a cada dia. Cada fração do seu crédito diário de 86.400 segundos, de fato, vai valer a pena.

Quando você se lança nessa jornada em seu universo interior em busca do autoconhecimento, rompe com a mesquinhez da procrastinação e, de imediato, age diligentemente para avançar em seus projetos. Adota um senso de urgência, uma vez que, autoconsciente, sabe que nada é sem intenção; tudo conta.

Vestido da autoconfiança, você se permite imaginar mais, planejar com precisão e calcular estrategicamente. Terá liberdade para que sua criatividade produza os cenários possíveis e desfrutará de disposição suficiente para experimentar novas ideias em direção a seus propósitos. Lembre-se: o Criador do universo é criativo. Você irá resgatar a sua criatividade por ser a imagem e semelhança d'Ele.

Conforme relatado no livro de Gênesis:

"No princípio criou Deus os céus e a terra"
(Gênesis 1:1).

Você se tornará muito mais criativo. A criatividade é sua essência e você vai encontrá-la de forma natural em seu novo estilo de vida – que já começou. Terá flexibilidade suficiente para fazer os ajustes de rota necessários e facilidade para se adaptar a ambientes. Desse modo, ousará ir além dos seus objetivos.

O propósito deste livro é servir como guia para que o leitor viva plenamente todos os aspectos da vida, alcançando paz, abundância e realização de objetivos e apreendendo a explorar todos os aspectos de sua existência com profundidade. Aprender a aplicar a inteligência espiritual vai levá-lo a descobrir o caminho para uma vida extraordinária, como uma estrela que segue o seu curso preciso no firmamento. O desenvolvimento dessa inteligência é como a descoberta de uma nova órbita, vinculando-se a um estilo de vida renovado que te desafia a tomar decisões diárias que alinhem sua trajetória com o futuro desejado.

DICAS DE OURO

A partir de hoje, comece cada dia com a determinação de que será extraordinário. Mantenha uma atitude positiva e encare cada situação com otimismo. Pratique ouvir o silêncio do momento presente.

Dedique-se a ouvir mais e falar menos. O diálogo interior é essencial; é por meio dele que entendemos a nós mesmos. Aqueles que não se permitem esse diálogo interior perdem uma oportunidade valiosa de crescimento pessoal.

Faça o necessário para que, quando for dormir, você possa dizer: "Hoje foi um dia incrível". Faça de cada dia uma oportunidade de crescimento exponencial e desafie-se a tornar o próximo ainda melhor. Enfatizo: busque que cada dia seja exponencial e mantenha o compromisso de evoluir constantemente em direção aos seus objetivos. Mantenha um senso de urgência para alcançar os seus objetivos com aceleração e excelência. Sim, o tempo conta. Depende somente de você.

Lembre-se, com convicção: cada dia deve ser um passo exponencial em sua jornada, desafiando-se constantemente a tornar o próximo dia ainda melhor. O progresso diário é essencial rumo ao seu destino. Mantenha um senso de urgência para alcançar a excelência em tudo que fizer.

Mantenha a certeza de que, em todas as circunstâncias, o universo conspira a seu favor. Aja de maneira que cada dia seja uma celebração, honrando sua vida e existência.

Antes de dormir, expresse sua gratidão ao Criador por adquirir autoconfiança e explorar o vasto universo da inteligência espiritual. Seja profundamente grato a Deus e a todos com quem se relaciona. Reconheça e celebre a sua própria jornada, sendo grato por simplesmente ser quem você é.

Converse consigo antes de dormir.

O que você pretende realizar no dia seguinte? Anote tudo. Faça uma lista do que tem senso de urgência e comece a cumprir cada tópico.

Adote o senso de urgência em sua trajetória. Permita que ele faça parte do seu processo evolutivo.

Anote a data na qual você começou o treinamento de desenvolvimento do método da inteligência espiritual.

*A compreensão e o desenvolvimento
da inteligência espiritual capacitam-nos
a desfrutar uma vida de realizações,
trazendo-nos criatividade e nos tornando
simplesmente pessoas melhores a cada dia.*

Fábia Braga

CAPÍTULO 3

Inteligência espiritual: o conceito

Conceitualmente, a inteligência é uma noção complexa e multifacetada que pode ser entendida de várias maneiras, dependendo do contexto em que é utilizada. Geralmente, refere-se à capacidade mental de compreender, aprender, raciocinar, tomar decisões, resolver problemas, abstrair ideias e linguagens.

A palavra "inteligência" tem sua origem no latim. Ela deriva do termo *intelligentia*, que por sua vez é formado pelos elementos *inter* (entre) e *legere* (escolher, recolher, ler). Originalmente, *intelligentia* significava a capacidade de discernir ou compreender escolhas ou opções.

Ao longo do tempo, o significado evoluiu para se referir à capacidade geral de compreender, aprender, raciocinar e resolver problemas de maneira eficaz. Essa evolução reflete o desenvolvimento do conceito para diversas áreas do conhecimento humano, desde a filosofia até a psicologia e a ciência cognitiva.

A palavra "espiritual" também se origina do latim. *Spiritalis* indica algo relativo ou pertencente ao espírito (em oposição à matéria), incorpóreo, imaterial, sobrenatural. É um termo versátil e pode ter diferentes conotações dependendo do contexto cultural e individual. Ela continua a evoluir à medida que as sociedades e as tradições religiosas se transformam e se adaptam ao longo do tempo.

Mas, afinal, como podemos conceituar algo tão vasto como a inteligência? Para isso, recorro a duas concepções que considero fundamentais. A primeira encontra respaldo nas ideias de Jean Piaget, renomado psicólogo e epistemólogo suíço. Piaget descreveu a inteligência como a "capacidade de adaptação eficaz ao ambiente, seja por meio de mudanças em nós mesmos, alterações no ambiente ou pela busca de um novo ambiente". Essa definição reflete sua visão de que a inteligência é um processo dinâmico de assimilação e acomodação, no qual o indivíduo ajusta-se constantemente às demandas de um mundo em transformação.

O segundo sentido provém da teoria triárquica da inteligência, desenvolvida por Robert Sternberg, que amplia a compreensão do fenômeno ao destacar três dimensões centrais: os componentes analíticos (habilidades para resolver problemas), os componentes criativos (habilidades para pensar de formas inovadoras e adaptáveis) e os componentes práticos (habilidades para interagir e adaptar-se de maneira eficiente ao ambiente).

Dessa forma, ambos os conceitos oferecem perspectivas complementares que enriquecem nossa compreensão da inteligência, abordando tanto sua natureza adaptativa quanto suas múltiplas facetas.

A definição atribuída a Jean Piaget atende perfeitamente ao que desejo explanar sobre a inteligência. Em sua ideia, há uma clara integração de três elementos fundamentais: o aprendizado, entendido como uma mudança em nós mesmos; a transformação do ambiente, que envolve manufatura ou criação de um abrigo; e a migração, representada pela busca de um novo ambiente. Esses aspectos refletem a essência adaptativa da inteligência, que, segundo Piaget, é um processo contínuo de interação e ajuste entre o indivíduo e o mundo que o cerca.

A inteligência é uma entidade multifatorial, envolvendo a linguagem, o pensamento, a memória, o raciocínio, a consciência (percepção de si mesmo), a capacidade de aprendizagem e a integração de várias modalidades sensoriais. De modo a nos adaptarmos efetivamente, o cérebro deve usar todas essas funções. Portanto, inteligência não é um processo mental único, mas sim uma combinação de muitos processos mentais dirigidos à adaptação efetiva ao ambiente.

Nesse sentido, a inteligência espiritual é um conceito que se refere à capacidade humana de buscar e experimentar significado, propósito e transcendência em sua vida. Diferentemente das formas mais tradicionais, como cognitiva ou emocional, essa inteligência se concentra na dimensão espiritual da existência humana. É a arte de lidarmos com nosso lado emocional, com nossos pensamentos, e usá-lo como ferramenta eficaz, para que possamos atingir nossos objetivos e ter uma vivência marcada por grandes conquistas espirituais, emocionais e materiais.

A inteligência espiritual nos alimenta para praticarmos ações e atitudes corretas e fazermos as escolhas certas, que trazem os resultados desejados com a consciência da nossa autorresponsabilidade. Quando a desenvolvemos, adquirimos competências para promover as mudanças necessárias em nós mesmos e nos ambientes aos quais pertencemos, ou ainda, se necessário for, nos adaptarmos a eles. Deixamos de ser termômetros ambientais para sermos termostatos universais, tendo total controle da atmosfera na qual estamos inseridos.

Deus nos fez à Sua imagem e semelhança, e isso nos permite potencializar a inteligência que Ele nos deu por meio da compreensão do que somos e do que realmente podemos ser. O Criador nos presenteou com essa característica ímpar que é a inteligência. Como conceituamos, a "inteligência não é um processo mental único, mas, sim, uma combinação de muitos processos mentais dirigidos à adaptação efetiva ao ambiente". É essa combinação de processos que gera nossos pensamentos.

Você já parou para pensar sobre o momento da Criação? Lemos em Gênesis:

"No princípio, criou Deus os céus e a terra.
E a terra era sem forma e vazia; e havia trevas sobre a face do
abismo; e o Espírito de Deus se movia sobre a face das águas.
E disse Deus: Haja luz. E houve luz"
(Gênesis 1:1-3).

A partir de um caos inicial, Deus trouxe ordem e luz com sua palavra. "Haja luz, e houve luz". A teoria do Big Bang, amplamente aceita na ciência moderna, descreve o universo como emergindo de um estado inicial extremamente quente e denso, no qual toda matéria e energia estavam comprimidas em um ponto singular. A expressão "haja luz" pode ser vista como a radiação cósmica de fundo, que marca o início da expansão e o resfriamento do universo. A complexidade e a vastidão do universo, reveladas pela ciência moderna, podem ser compreendidas como manifestações da grandeza e da sabedoria do Criador. E o mais disruptivo de tudo isso é que fomos criados à imagem e semelhança d'Ele. O que muito me chama atenção é que, quando o Criador, em seu espaço de tempo, universo e existência, decidiu criar o homem, houve um relato no plural:

"E disse Deus: Façamos o homem à nossa imagem;
conforme a nossa semelhança"
(Gênesis 1:26).

Em Hebreus 11:03, as Sagradas Escrituras nos direcionam que:

*"Pela fé, entendemos que os mundos,
pela palavra de Deus, foram criados; de maneira
que aquilo que se vê não foi feito do que é aparente".*

Você é o autor da sua própria história. Ainda que não tenha evidências concretas do que almeja para a vida, pode construí-las por meio de suas escolhas diárias e do alinhamento com o Criador. Suas ações moldam o futuro. Você foi poeticamente concebido à imagem e semelhança Daquele que criou tudo o que existe, a força mais poderosa do universo.

Chama atenção o fato de que o Criador, na ocasião de nossa criação, não estava sozinho, o Verbo estava com ele, compreendendo-se como complemento. Qual Verbo? O relatado no Evangelho de João 1:1:

*"No princípio, era o Verbo, e o Verbo estava com Deus,
e o Verbo era Deus. Ele estava no princípio com Deus.
Todas as coisas foram feitas por Ele e sem Ele nada do que foi
feito se fez. Nele estava a vida, e a vida era a luz dos homens".*

É evidente que o ato da criação reflete a união entre o Pai e o Filho, manifestada de maneira sublime no processo criativo da humanidade. Essa verdade encontra respaldo em Gênesis 1:26, que declara:

*"Também disse Deus: Façamos o homem à nossa imagem,
conforme a nossa semelhança"; tenha ele domínio [...]".*

Essa verdade absoluta nos faz muito especiais, nos faz compreender o quanto somos importantes e também exige de nós responsabilidade sobre a vida a partir do momento que temos conhecimento e consciência dessa verdade. Você não está aqui por acaso: é um projeto de Deus, que nos gerou criativos e para dominar.

Como você vai viver sua vida de agora em diante? Você tem o poder de transformar a atmosfera na qual está inserido.

Para onde você irá direcionar o seu "haja luz e houve luz"? Esse poder criativo está dentro de você e se manifesta pelas palavras, atitudes e convicções.

A partir disso, proteja bravamente o seu universo interior. Não mais como um mero observador, mas como um agente que regula suas próprias condições e estabelece domínio em sua vida. Jamais você será um termômetro. Pelo contrário, a partir de agora, você é um termostato que cria as suas atmosferas e estabelece seu domínio no seu campo de influência.

Pessoas que transformam atmosferas e dominam são aquelas que não reclamam; elas agem, pensam e vivem positivamente. Pessoas que perdoam. Pessoas com senso de urgência. Pessoas que celebram o sucesso do próximo. Pessoas que planejam. Indivíduos que planejam com clareza sobre quem são e qual é sua missão neste magnífico planeta azul, concluindo uma jornada neste vasto universo.

DICAS DE OURO

Comece a incorporar aprendizado em sua vida. Quando necessário, esteja disposto a fazer uma mudança em si mesmo. Sempre que alguma coisa no ambiente o oprimir ou fizer mal a você, busque a mudança em si; se ainda assim você realmente não for feliz ali, tenha ousadia para trabalhar o ambiente para que ele seja manufatura e abrigo para você.

Não deixe que ambientes definam o seu interior. Proteja-o.

Seja impermeável.

Crie o ambiente. Transforme atmosferas.

Estamos em um palco no qual temos dois atores: um será o ator principal e o outro, o coadjuvante. No ambiente no qual está inserido, você tem sido protagonista ou coadjuvante?

Considere: "Inteligência não é um processo mental único, mas sim uma combinação de muitos processos mentais dirigidos à adaptação efetiva ao ambiente".

Seja criativo.

Defina o seu ambiente a partir do seu "eu" interior. Pratique diariamente com fé o seu "haja luz e houve luz".

Eu te encorajo a partir de agora a ter um pensamento criativo e a buscar por soluções inovadoras para os desafios que você enfrenta.

Tudo está a seu favor.

Você está agindo a seu favor?

―――――――――――――

*Quanto mais disciplina em nossa vida,
mais desfrutamos de liberdade.
Disciplina é liberdade.*

Fábia Braga

CAPÍTULO 4

Desenvolva a inteligência espiritual

A importância do pensamento

Somos seres racionais e emocionais, dotados de vontades, desejos, atitudes e impulsos, cujas escolhas e consequências impactam nossas vidas. Nossas escolhas, ações e sentimentos são guiados pelas decisões moldadas em nossos pensamentos.

Nossas vontades, ações e sentimentos estão diretamente ligados às decisões de nosso fluxo mental, destacando a importância vital que ele exerce em nossa existência. Essa perspectiva encontra respaldo na célebre máxima do filósofo René Descartes, apresentada em sua obra *Discurso do método* (1637): "Cogito, ergo sum", que significa "Penso, logo existo". Essa frase consagrou o pensamento como a essência da existência humana, marcando profundamente a filosofia moderna.

Descartes utilizou o pensamento como um método para encontrar uma verdade indubitável. Ao exercer a arte da dúvida, ele concluiu que mesmo a dúvida implica uma existência. Se estamos duvidando, estamos pensando e, portanto, existe um "eu" que realiza tal ação.

Desenvolvemos nosso universo interno ao compreender o mundo externo, a vastidão na qual estamos inseridos. Nossa percepção do ambiente é mediada pelas nossas experiências e nossos cinco sentidos: olfato, visão, tato, paladar e audição. Esses sentidos captam informações, que são processadas pela mente, dando origem a nossos pensamentos e nossas ações. Assim, cada pensamento reflete nossa interação contínua com o mundo físico e emocional que nos cerca.

O entendimento de que nossos pensamentos são influenciados pelos nossos sentidos e experiências tem respaldo científico em várias áreas do conhecimento, incluindo neurociência, psicologia e filosofia da mente. Aqui estão alguns pontos que sustentam essa ideia:

- **Neurociência:** estudos neurocientíficos mostram como os estímulos sensoriais são processados pelo cérebro. Cada sentido tem áreas específicas no cérebro responsáveis pelo processamento das informações. Por exemplo, a visão é processada no córtex visual; o tato, no córtex somatossensorial; e assim por diante. Tais informações são fundamentais para formar as bases neurais dos pensamentos.
- **Percepção e experiência:** a percepção que temos do mundo externo é moldada pela nossa experiência individual. Por exemplo, pessoas com experiências de vida diferentes podem interpretar um mesmo evento de maneiras distintas, refletindo como suas percepções são influenciadas pelas vivências.
- **Psicologia cognitiva:** estuda como as informações sensoriais são organizadas, armazenadas e recuperadas na mente. A teoria da construção do conhecimento sugere que os indivíduos constroem ativamente suas próprias representações mentais do mundo com base em suas experiências sensoriais.
- **Filosofia da mente:** estudiosos da área discutem como a consciência e os processos mentais emergem das interações complexas entre o cérebro, o corpo e o ambiente externo. A teoria funcionalista, por exemplo, argumenta que os estados mentais são determinados pelas suas funções e relações com outros estados mentais, incluindo aqueles originados a partir de estímulos sensoriais.

Portanto, exploramos o mundo exterior por meio dos cinco sentidos. Em seguida, recebemos mensagens que surgem dos nossos pensamentos. A partir daí, influenciamos nosso universo interior pela percepção do mundo externo. Por último, temos nossas escolhas, ações e reações. Mesmo que a origem de nossos pensamentos seja desconhecida, é crucial reconhecer que eles articulam as ideias que guiam nossas ações. E o processo de articulação de qualquer ideia deve ser fundamentado no desenvolvimento da inteligência espiritual.

Aplicá-la ao processo de desenvolvimento do nosso universo interior envolve cultivar uma compreensão mais profunda e consciente dos valores, significados e propósitos que orientam ações e pensamentos. Praticar o autoquestionamento e a reflexão regular sobre experiências, valores e crenças ajuda a entender melhor como as percepções do mundo externo influenciam seu universo interior. O seu universo interior define o seu mundo exterior.

Sabendo desse vínculo, procure estar consciente das informações que seus sentidos captam. Isso envolve não apenas reconhecer as sensações físicas, mas também as emoções e os pensamentos que surgem em resposta. Só poderá te atingir aquilo que você permitir.

Vivemos em uma atmosfera de leis universais e, dependendo do pensamento, nossas ações serão boas ou ruins. Se boas, atrairão coisas positivas; se ruins, infelizmente, a colheita seguirá a métrica.

Todo processo mental é gerado pelas percepções. Porém, se são simplesmente percepções, você pode ter total controle sobre o processo. Tudo é uma questão de treinamento e disciplina. Posteriormente, há escolha, decisão e atitude.

Se você compreende o que escrevo, já está desenvolvendo o seu autoconhecimento.

Nosso interior é nosso verdadeiro eu. No lugar em que se encontra nossa alma, operam a vontade, os sentimentos e a inteligência, ou seja, o processo mental. Em nossa alma está a sede da vontade, dos sentimentos e do pensamento. Ela recebe as informações do mundo exterior pelos cinco sentidos do corpo. Por intermédio da visão, da audição, do tato, do paladar e do olfato, percebemos o mundo externo e lançamos tais informações em nossa alma. E toda referência proveniente do exterior passamos para nossa vontade, nossos sentimentos, nossos pensamentos e, consequentemente, para nossas atitudes. Essas são ideias articuladas, frutos de nossos pensamentos após o processo de percepção.

Você é o responsável por tudo que internaliza. Você molda o seu presente. Você cria o seu futuro. Você está no comando do universo interior que define o seu exterior.

Inteligência espiritual e disciplina

A inteligência espiritual pode ser caracterizada pela utilização do processo mental para comandar os sentidos do corpo, considerando que nada é em vão, tudo conta. Desenvolvemo-na ao aplicarmos esse método continuamente, e ele refletirá em nossas vidas. Tudo é treinamento. Ela está intimamente ligada à disciplina, sem a qual não há desenvolvimento de competências e habilidades.

Muitos veem a disciplina como algo negativo, que coíbe, restringe. Contudo, a disciplina é liberdade. Quanto mais disciplina em nossas vidas, mais é possível desfrutar de uma vida de liberdade. A disciplina na prática da inteligência espiritual traz mudanças exponenciais em nossas vidas para que todos os nossos objetivos sejam alcançados. No processo mental, por exemplo, impede que você aja por impulso, orientando-o a ter atitudes corretas.

A ideia de que temos controle total sobre nossos pensamentos é discutida por diversos filósofos e também é abordada em certas áreas da psicologia e da neurociência. Epicteto, um filósofo estoico, argumentava que, embora não possamos controlar eventos externos, podemos controlar reações e pensamentos em relação a eles. Ele enfatizava o poder da razão e da autodisciplina para cultivar uma mente tranquila e virtuosa. A psicologia cognitiva e a terapia cognitivo-comportamental ensinam estratégias para identificar e modificar padrões de pensamentos negativos ou disfuncionais. Esses tratamentos pressupõem a possibilidade de aprendermos a controlar os pensamentos, desafiando crenças distorcidas e substituindo-as por pensamentos mais realistas e adaptativos. Por outro lado, estudos em neurociência sugerem que, embora não tenhamos um controle total e direto sobre todos os aspectos dos nossos pensamentos (como os automáticos), podemos influenciar nossos padrões com práticas e disciplina. E, ainda que não possamos controlar aqueles que surgem espontaneamente, podemos desenvolver habilidades para influenciar significativamente reações e estados mentais com abordagens conscientes.

Outro grande nome da ciência que aborda a ideia de que temos gestão sobre nossos pensamentos é o psiquiatra Viktor Frankl, embora seja mais conhecido por sua contribuição na psicologia e na filosofia existencial do que na ciência puramente natural ou física. Frankl enfatizava que, apesar das circunstâncias externas, temos a capacidade de escolher nossa atitude diante de qualquer situação. Isso inclui pensamentos e reações emocionais. Acredite, ele desenvolveu essa teoria quando estava em um campo de concentração nazista. Ele poderia ter desistido de tudo. Poderia ter se vitimizado, porém escolheu dar significado a sua vida por meio do seu campo de influência interior, que hoje inspira tantas pessoas. Argumentava que, mesmo em condições extremas, como os campos de concentração, os prisioneiros podem encontrar liberdade interior ao exercerem controle sobre pensamentos e atitudes. A escolha é de cada um: ser ressentido, ser vítima, não perdoar.

O nosso processo decisório passa primeiro pelo pensamento: jamais faremos algo que não tenha, inicialmente, passado por ele. Seremos vítimas se escolhermos sermos vítimas. Somos reativos se escolhermos ser reativos. Não existe forma de agir sem pensar. Sempre pensamos. Nunca deixamos de pensar. Muitas vezes, somos impulsivos e não fazemos autocrítica do que vem à nossa mente antes de tomarmos uma decisão.

Temos a capacidade de gerir nossa mente. Porém, para isso, é fundamental o aprendizado e treinamento diário para criticar nossos pensamentos, questioná-los. Precisamos saber que, quando nossos pensamentos se transformam em atitudes, colhemos os frutos. Logo, como seres racionais, devemos fazer uso da inteligência espiritual para uma autocrítica antes de que a ideia se torne ação.

Isso é o desenvolvimento da autoconsciência e autorresponsabilidade.

DICAS DE OURO

Inicie a prática da disciplina diariamente em sua vida. Adquira o hábito de pensar antes de responder. A grandeza de uma resposta não está no seu imediatismo, mas na assertividade das palavras.

Com frequência, o silêncio não é apenas ausência de palavras, mas a expressão mais eloquente da sabedoria. Por que não cultivá-lo? Como reflete um antigo provérbio: "Existe no silêncio uma tão profunda sabedoria que, às vezes, ele se transforma na mais perfeita resposta".

Discipline suas atitudes e suas palavras para não reagir. Quem reage, perde a percepção e, consequentemente, o controle da situação. Treine para agir sempre, e também não reagir. Quem reage, por mais que demonstre poder, sempre está em desvantagem.

Não aja por impulso. Permita-se avaliar, em alguns segundos, se vale a pena responder ou silenciar. O mais forte não é o que tem a melhor resposta, mas o que age com sabedoria.

Quando lembramos que podemos fazer escolhas, temos que nos atentar para o fato de que as escolhas trazem consequências. Nada é inócuo.

Fábia Braga

CAPÍTULO 5

Vínculo da inteligência espiritual

O poder do pensamento é um conceito multifacetado. O poder do pensamento está ligado à capacidade de transformar padrões de comportamento, superar desafios e criar novas possibilidades por meio de reflexão, aprendizado e autodesenvolvimento.

O pensamento molda nossa percepção da realidade e interpretação das experiências. Ele influencia como vemos o mundo ao nosso redor e como nos comportamos em resposta às percepções. Os pensamentos são frutos de percepções e podem ser a força motriz por trás das ações, além de inspirar decisões, planos e iniciativas que moldam nossas vidas e trajetória neste universo.

Pensamentos positivos e negativos têm um impacto significativo na nossa saúde mental e emocional. Os positivos podem promover bem-estar, resiliência e autoconfiança, enquanto os negativos podem levar a estresse, ansiedade e desânimo. Os pensamentos criam atmosferas, influenciando as energias ao nosso redor, atraindo eventos e circunstâncias que correspondem à nossa atitude mental.

Contudo, você pode desenvolver a gestão dos seus pensamentos. Embora não tenhamos controle absoluto sobre todos, podemos influenciar significativamente a forma como lidamos e como respondemos a eles. Entenda: os pensamentos irão influenciar o seu processo decisório no presente, interferindo diretamente em seu contentamento interior e no futuro que você está criando.

O domínio próprio é o reflexo da disciplina abordada no capítulo anterior. Você só pode dominar aquilo que conhece bem (autoconhecimento). Portanto, para alcançá-lo, é essencial primeiro se conhecer profundamente (autoconhecimento). E você está desenvolvendo a autoconsciência da necessidade de autoconhecimento.

Recentemente, muitos escritores têm enfatizado o poder do pensamento, às vezes distorcendo sua verdadeira natureza. Alguns defendem a ideia de que devemos nos conectar com o universo para cultivar pensamentos positivos. No entanto, nossa conexão mais elevada deve ser com o Criador, o Autor e Consumador da fé: Jesus Cristo. Por meio de nossa comunhão com Ele recebemos a presença do Espírito Santo em nossas vidas, produzindo frutos inefáveis que contribuem para uma vida melhor. Um desses frutos é o domínio próprio. Com o autodomínio, um dos pilares da inteligência espiritual, podemos gerenciar nosso processo psíquico e desenvolver o verdadeiro domínio sobre nós mesmos.

Sun Tzu, o famoso estrategista militar chinês, destacou a importância do autoconhecimento em seu clássico tratado *A arte da guerra*. Embora sua obra seja focada em estratégias militares, muitos de seus princípios podem ser aplicados a várias áreas da vida, incluindo o desenvolvimento pessoal e o autoconhecimento. Uma de suas citações mais conhecidas que se relaciona com o autoconhecimento é:

> *"Se você conhece o inimigo e conhece a si mesmo, não precisa temer o resultado de cem batalhas. Se você se conhece, mas não conhece o inimigo, para cada vitória ganha sofrerá também uma derrota. Se você não conhece nem o inimigo nem a si mesmo, perderá todas as batalhas".*

Essa citação de Sun Tzu pode ser interpretada de várias maneiras no contexto do autoconhecimento:

- **Autoconhecimento como base para o sucesso:** conhecer a si mesmo é fundamental para o sucesso em qualquer empreendimento, seja ele uma batalha militar, uma carreira profissional ou um objetivo pessoal. Entender suas próprias forças, fraquezas, capacidades e limitações permite que você planeje e execute estratégias de maneira mais eficaz.

- **Equilíbrio entre autoconhecimento e conhecimento externo:** Sun Tzu destaca que o autoconhecimento deve ser acompanhado pelo conhecimento do ambiente e das circunstâncias externas (o "inimigo"). Isso sugere que, para ser verdadeiramente eficaz, uma pessoa deve não apenas entender a si mesma, mas também o contexto em que está inserida.
- **Preparação e adaptação:** o autoconhecimento permite que você se prepare melhor para enfrentar desafios e se adapte às mudanças. Conhecer seus próprios padrões de pensamento, emoções e comportamentos ajuda a antecipar como você pode reagir em diferentes situações e a se preparar para lidar com elas de maneira adequada.
- **Evitar surpresas e minimizar riscos:** assim como em uma guerra, em que conhecer o inimigo ajuda a evitar surpresas desagradáveis, o autoconhecimento permite que você minimize riscos pessoais e emocionais. Estar ciente de suas vulnerabilidades e seus pontos fortes ajuda a evitar situações que possam ser prejudiciais e a aproveitar melhor as oportunidades.
- **Estratégia pessoal:** aplicando os ensinamentos de Sun Tzu, podemos ver que ter uma estratégia bem-definida e baseada no autoconhecimento pode levar a uma vida mais equilibrada e bem-sucedida. Isso envolve definir metas realistas, entender as próprias motivações e desenvolver planos de ação alinhados com suas capacidades.

Em suma, Sun Tzu enfatiza que o autoconhecimento é crucial para alcançar qualquer tipo de sucesso. Conhecer a si mesmo é o primeiro passo para enfrentar desafios e alcançar objetivos de maneira eficaz e estratégica.

Outro filósofo entre os mais conhecidos por enfatizar a importância de conhecer a si mesmo é Sócrates. Ele é famoso por sua máxima "Conhece-te a ti mesmo" (*Gnothi seauton*). Nos diálogos de Platão, Sócrates frequentemente questiona seus interlocutores, desafiando-os a examinar suas próprias crenças e seus valores. Ele acreditava que a sabedoria verdadeira vinha do reconhecimento da própria ignorância e da contínua busca pelo autoconhecimento. Desenvolveu um método de investigação chamado método socrático ou maiêutica, que envolve fazer perguntas profundas e reflexivas para ajudar as pessoas a explorar e descobrir suas próprias respostas. Esse método é uma ferramenta poderosa para o autoconhecimento. Em outra frase, ele disse que "a vida não examinada não vale a pena ser vivida". Em uma outra, ainda enfatizou que, sem reflexão e autoconhecimento, a vida carece de profundidade e significado.

Acredito que você está incorporando aprendizado significativo em sua vida; contudo, somente se domina aquilo que se conhece bem.

As nossas escolhas e atitudes vêm dos nossos pensamentos. Fato esse irrefutável. Deve ocupar o nosso pensamento o que é verdadeiro, respeitável, justo, puro, amável, de boa fama e o que, de fato, tenha virtude. Vale ressaltar que esse pensamento é gerado pelos sentidos humanos, e cabe a nós escolhermos o que iremos reter em nossa mente, que irá nos direcionar a nossas ações e atitudes.

Em Deuteronômio 30:15, fica bem claro que Deus deu ao homem o livre arbítrio, ou seja, a capacidade de fazer escolhas:

"Vês aqui, hoje te tenho proposto a vida e o bem, a morte e o mal".

As escolhas são feitas com os cinco sentidos que temos. E Deus é tão lindo e misericordioso que, no versículo 19, de Deuterenômio 30, por amar tanto a Humanidade, orienta o homem a escolher o caminho da vida:

"Escolhe, pois, a vida, para que vivas tu e tua semente".

Em outras palavras: escolha o que é bom!

A narrativa de Davi e Betsabé, em 2 Samuel 11, ilustra como os cinco sentidos, a percepção, as escolhas, as decisões, as atitudes e as consequências estão interligados e podem impactar profundamente a vida de uma pessoa. Em síntese, Davi enviara seu exército para a guerra e, em vez de seguir com seus soldados, escolheu ficar no palácio. Escolheu a zona de conforto. Escolheu não estar no *front* naquele momento. Davi estava no momento errado no lugar errado. Essa foi a sua escolha. Por isso, iniciou-se um processo de abismos na vida de Davi. Salmos 42:7 nos revela que:

"Um abismo chama outro abismo".

Veja como a combinação dos cinco sentidos em um processo decisório errado tem suas consequências:

- **Visão:** Davi, ao caminhar pelo terraço do palácio, viu Betsabé tomando banho. Sua percepção visual desencadeou uma série de eventos subsequentes.

- **Percepção:** Davi foi dominado pelo desejo, o que obscureceu seu julgamento moral e ético.
- **Escolha e decisão:** a escolha de Davi de agir conforme seu desejo, enviando mensageiros para levar até ele Betsabé, reflete a importância de como nossas percepções influenciam nossas decisões.
- **Consequência:** Davi não só cometeu adultério, mas também manipulou e enganou para tentar esconder seu pecado, culminando na orquestração da morte de Urias.
- **Culpa e repercussão:** a morte de Urias e o casamento de Davi com Betsabé foram seguidos pela desaprovação de Deus. O profeta Natã confrontou Davi, o qual enfrentou severas consequências em sua vida pessoal e familiar.

As ações de Davi levaram a sérias consequências. O pecado não apenas afetou sua vida, mas também a de Betsabé, Urias e, eventualmente, de sua família e seu reinado. A narrativa demonstra como as escolhas pessoais podem ter amplas repercussões. Se Davi estivesse com seu exército, no *front*, não estaria suscetível à situação que gerou tantas consequências negativas em sua vida. Por isso, temos que nos preocupar em estarmos no lugar certo no momento certo. O nosso *timing* deve estar alinhado com o propósito de vida. Todas as escolhas do presente interferem em nosso futuro, e o nosso presente é reflexo do que escolhemos no passado.

Em Provérbios 27:23, há uma advertência:

> *"Procura conhecer o estado das tuas ovelhas;*
> *põe o teu coração sobre o gado".*

Davi não estava com o coração em seu exército. O início desse processo com consequências em sua vida se deu por um dos sentidos, a visão, e poderia ter sido interrompido. Porém, ele escolheu continuar alimentando o seu desejo e o seu ego.

Então, tudo é sobre escolhas. O poder das escolhas que estamos falando é também um dos pilares da inteligência espiritual. A força mais poderosa do universo, em Sua infinita soberania, sempre quer o melhor para nós, sempre nos orienta a ir em frente, estar no lugar certo e na hora certa, resistir, ressignificar, vencer.

Como está nas Sagradas Escrituras em Jeremias 29:11:

"Eu é que sei o pensamento que tenho a vosso respeito, pensamento de paz e não de mal para vos dar o fim que desejais".

Veja bem, no espectro do seu livre arbítrio, em seu singular poder de escolher, você define a sua vida.
Você define a sua trajetória.
Você é responsável por seu universo interno.
Você é responsável por sua jornada neste universo existencial.
Considere a importância dos seus sentidos.
Considere a importância do seu processo decisório.
Considere a importância da autoconsciência que você está desenvolvendo.
Considere a importância do autoconhecimento.
Considere a importância da autorresponsabilidade.
Considere a importância da sua atmosfera e de estar no *timing* correto.
Quais escolhas você tem feito em sua vida?
Que consequências elas têm trazido a você?
Os seus objetivos de vida estão alinhados ao que Deus deseja para sua vida?
Jeremias 29:11 nos revela que:

"Porque eu bem sei os pensamentos que penso de vós, diz o Senhor; pensamentos de paz e não de mal, para vos dar o fim que esperais".

Escolha. Decisão. Atitude.
Em Provérbios 4:23, ainda temos a orientação clássica para a proteção do nosso universo interior:

"Sobre tudo o que se deve guardar, guarda o teu coração, porque dele procedem as saídas da vida".

DICAS DE OURO

Coloque em prática a importância do autoconhecimento que você está adquirindo com esta leitura.
Cuide do seu universo interior.
Tenha atenção aos seus cinco sentidos.
Proteja os seus pensamentos: eles são as ferramentas que o levarão ou não ao seu porto desejado.
Tenha gestão total do seu processo decisório.
Procure estar no timing *do Criador, estando nos lugares certos nas horas certas. Há lugares e atmosferas que não são para você.*
Davi era radicalmente excelente à frente do seu exército, mas fez a escolha de estar no lugar errado no momento errado.
Identifique qualquer processo de abismo em sua vida e o interrompa agora mesmo.
Não discuta com processos de abismos. Acabe com eles agora mesmo. Acabe com todo início de abismo em sua vida. Lembre-se: um abismo chama outro.
Não aceite desordem em sua vida.
Procure, a cada dia, ser a melhor versão de si mesmo.

Uma pessoa que toma atitude em direção aos seus sonhos e objetivos move o coração de Deus. Ele nos chama à ação dia após dia.

Fábia Braga

CAPÍTULO 6

Primeira lei de Newton aplicada à inteligência espiritual

Aristóteles (384-322 a.C.) acreditava que os corpos celestes estavam em movimento com velocidade constante devido a uma força motriz atuante sobre eles. Transpondo essa ideia para a vida humana, a força motriz é como os fatores internos e externos que nos impulsionam a agir e a perseguir nossos objetivos.

A força motriz e a inteligência espiritual se complementam ao proporcionar um senso de propósito, valores sólidos, autoconhecimento profundo e resiliência em face das adversidades. Desenvolver sua inteligência espiritual pode, portanto, fortalecer sua força motriz, ajudando-o a navegar pela vida com clareza, propósito e determinação.

Após muitas análises sobre o movimento dos corpos, Isaac Newton chegou a um conjunto de leis fundamentais da física, que são plenamente aplicadas à inteligência espiritual. Vamos falar, inicialmente, da primeira lei de Newton (ou lei da inércia), conforme destacado por Halliday, Resnick e Walker no livro *Fundamentos de Física – Mecânica – Volume 1*: "Considere um corpo no qual não atue nenhuma força resultante. Se o corpo estiver em repouso, ele permanecerá em repouso; se o corpo estiver em movimento com velocidade constante, ele continuará neste estado do movimento".

A inércia, no contexto espiritual e pessoal, pode ser vista como a tendência de uma pessoa manter seu estado atual, seja ele de estagnação ou de progresso contínuo, a menos que uma força significativa interfira. Uma pessoa em estado de inércia é uma pessoa conformista, coitadista, que não gera nenhuma força motriz dentro de si mesma que a leve em direção a seus objetivos.

Quando uma pessoa está espiritualmente "em repouso" – sem crescimento, sem busca por propósito ou significado –, tende a permanecer em estado de estagnação. Isso pode se manifestar como falta de motivação, apatia ou desconexão com valores e propósito de vida. Manifesta-se também pela ausência de vontade de viver.

Talvez essa pessoa não tenha objetivos definidos e viva um dia após o outro da mesma forma. O ser humano é movido por sonhos, ideias e ações. Todas as ações são precedidas por sonhos e ideias. Uma pessoa no estado de inércia não sonha, não gera ideias e não toma atitudes. Caso se encontre nesse estado, a boa notícia é que você, e somente você, pode se tirar dele. Porém, para sair desse repouso, são necessárias forças externas (influências de outras pessoas a partir de boas leituras e demais eventos significativos) ou forças internas (autoconsciência, autoconhecimento, autorresponsabilidade e um processo decisório bem definido.

Você não está condenado a viver assim. A única pessoa que o condena é você mesmo. Muitas vezes seu maior inimigo é o seu estado de inércia. Essa frase de Cristo é fundamental:

> *"Conhecereis a verdade e a verdade vos libertará"*
> *(João 8:32).*

Se uma pessoa está em estado de progresso, de evolução espiritual – buscando conhecimento, crescimento pessoal, conexão espiritual com o Criador –, tende a continuar nesse caminho.

O seu exercício diário é "manter o seu movimento constante" e determinar a cada dia a sua força motriz. Influências externas, como mentores, eventos de vida significativos ou leitura de textos inspiradores, podem catalisar mudanças. Essas forças podem fornecer novos *insights*, inspiração e motivação para mudar o estado atual.

Quando você terminar este livro, será uma pessoa melhor. Eu tenho certeza disso.

Você precisa se conhecer e saber que é o grande responsável por esse estado (autoconsciência), e cabe somente a você sair dele. Você é autorresponsável por tudo o que te acontece. Você é um ser humano extremamente especial e importante, feito à imagem e semelhança do Altíssimo Deus. Você é inteligente e deve perceber isso por meio dos seus cinco sentidos.

Quando você sente fome, o que faz? Você decide comer, escolhe o que vai comer e, por fim, come! Você se alimenta! E, se sente sono, o que faz? Dorme! Se você está em um universo regido pela inércia, o que você pode fazer? Pelo desenvolvimento da autoconsciência que já adquiriu neste livro, reconhecer isso e iniciar um processo contínuo de atitudes. Assuma que você é o único responsável por se encontrar nesse estado e também o único capaz de sair dele.

Escolha. Decida. Aja.

Fazendo uma analogia da primeira lei de Newton com o desenvolvimento da inteligência espiritual, há uma constante astronômica que guia o movimento espiritual e pessoal. Assim como corpos celestes seguem trajetórias estáveis devido à ausência de forças externas, nossas vidas podem permanecer estáticas ou em movimento constante, dependendo das forças que agem sobre nós.

A aplicação da primeira lei de Newton à inteligência espiritual destaca, então, a importância de reconhecer e atuar sobre os estados de repouso e movimento em nossa jornada chamada vida. Identificar as forças que nos mantêm em inércia espiritual ou que nos impulsionam para frente pode nos ajudar a tomar ações conscientes para alcançar um estado de crescimento contínuo e significativo. Assim como na física, a qual explica que a inércia precisa ser superada por uma força externa para mudar o estado de um corpo, na vida espiritual e pessoal, precisamos de forças motrizes para superar a estagnação e continuar avançando em nossa jornada de autoconhecimento e realização de propósitos. A força mais poderosa do universo quer te levar ao seu melhor destino e a impactar sua área de influência no universo. Tudo depende somente de você. O seu momento é agora.

Na astronomia, corpos no espaço profundo continuam seu curso sem mudança significativa, a menos que influenciados por forças como gravidade ou colisões cósmicas. Da mesma forma, na vida humana, a inércia espiritual pode manter indivíduos em estados de repouso espiritual levando a uma vida medíocre. Por outro lado, tudo que você está apreendendo neste livro atua como forças motrizes, impulsionando o seu desenvolvimento para novos horizontes de autoconhecimento e realização.

Inicie agora mesmo o seu processo de "swot".

Na astronomia, um "swot" pode ser comparado a eventos como supernovas, cometas passando perto da Terra ou eclipses raros. Esses eventos são únicos, ocorrem em momentos específicos e têm um impacto significativo no cosmos, alterando o ambiente e fornecendo novas possibilidades para estudos e descobertas. Cada "swot" oferece uma janela de oportunidade para astrônomos e cientistas estudarem fenômenos e entenderem melhor o funcionamento do universo. Podem provocar *insights* profundos sobre a formação de estrelas, evolução galáctica e a natureza do espaço-tempo.

Na vida humana, um "swot" pode ser interpretado como eventos únicos e decisivos que moldam nosso destino e nossa trajetória pessoal. Inicie esse processo de autoconhecimento agora mesmo. Lembre-se do agora. Da mesma forma que os astrônomos monitoram e estudam eventos cósmicos raros, podemos estar atentos e aproveitar os "swots" que surgem em nossas vidas. Isso envolve reconhecer e responder positivamente a oportunidades únicas que podem impulsionar nosso crescimento e evolução espiritual que consequentemente torna-se evolução pessoal. Assim como o universo se adapta e evolui em resposta a eventos cósmicos, podemos cultivar a capacidade de aprender com cada "swot" na vida, ajustando nossas trajetórias e integrando novas experiências em nossa jornada pessoal. Ou seja, ressignificando o que for preciso. Acredite, ressignificar é preciso, mais que preciso...

DICAS DE OURO

Quais os seus sonhos adormecidos?
Quais são os projetos abandonados que, se você tivesse colocado em órbita, faria com que estivesse em outro lugar?
Como é a pessoa que você gostaria de ser?
Quais comportamentos e atitudes você gostaria de ter?
O que o impede de ter essas atitudes hoje?
Inicie o processo inverso.
Comporte-se como se cada um dos seus sonhos e objetivos já tivessem sido realizados. Porte-se como a pessoa que você gostaria de ser. Inicie já. Não deixe para depois. O seu presente, o seu instante, o seu momento de romper com a inércia é agora.
Veja bem, Deus coloca isso diante de você. Você fará a escolha. O que você vai escolher? Por favor, adote o senso de urgência em sua vida, seja uma pessoa orientada para resultados.
Escolha. Decida. Aja.
Lembre-se da máxima de Viktor Frankl: "Existência clama por significado". Dê um novo tom à sua vida; dê um novo significado a ela.
Se você receber críticas, ignore-as. Persevere em seu objetivo. A partir do momento que, dentro de você, for gerada essa força motriz, ninguém vai fazê-lo parar. Alinhe essa força na presença de Deus. Entre em convergência com Ele. Entre em fluxo com Ele. Não se preocupe com o que as pessoas pensam a seu respeito, mas com o que Deus pensa.

Lembre-se constantemente do que está escrito nas Sagradas Escrituras, em Jeremias 29:11: "Porque eu bem sei os pensamentos que penso de vós, diz o Senhor; pensamentos de paz e não de mal, para vos dar o fim que esperais".

A partir dos conhecimentos que você está adquirindo nesta leitura, faça com que o seu eu interior produza colusões e atritos diariamente, um movimento retilíneo, uniforme, em sua vida, que o mova em direção à realização dos seus sonhos e objetivos. Tenha uma vida pautada por ações.

Confronte a si mesmo com o propósito de ser uma pessoa melhor. Questione seus dogmas e sofismas. A única verdade absoluta que existe neste universo é Deus, o restante é questionável. Questione-se, ressignifique, confronte-se: isso é inteligência espiritual.

Talvez não seja fácil começar, mas, neste momento, você pode optar ao menos por uma ação: escolher mudar tomando a decisão de agir. Tudo é treinamento. Com o tempo, seu movimento, sua força motriz, ganhará velocidade. Tudo ocorre de forma belíssima e natural.

"Haja luz. E houve luz" (Gênesis 1:3).

Esteja em constante movimento em direção aos seus sonhos e objetivos. Lembre-se: um corpo em repouso tende a permanecer em repouso, e um corpo em movimento tende a permanecer em movimento.

No universo da física, a força é o agente que altera a velocidade do corpo, vencendo, assim, a inércia. No universo infinito da inteligência espiritual, é você quem traz essa força para sua vida. É o seu querer, seu agir. A decisão é sua. Tudo é gerado em seu processo mental. Comece agora mesmo. Não espere chegar o momento certo. O momento certo é o agora.

O seu momento é agora.

O agora, de fato, não pode esperar. Não aguarde circunstâncias ou ventos propícios.

Tenha em mente que no oceano há barcos navegando em todas as direções, o vento é o mesmo. As velas do barco são ajustadas independentemente do seu destino. Ajuste suas velas. O momento é este. Como citou Cora L. V. Hatch em uma palestra em 1859: "Você não pode mudar o vento, mas pode ajustar as velas do barco para chegar aonde quer".

Onde você realmente quer chegar? Você acredita que, continuando com esse comportamento, vai chegar aonde deseja? O momento de ajustar as velas é agora.

Como disse Albert Einstein, "insanidade é continuar fazendo sempre as mesmas coisas e esperar resultados diferentes".

Gere um atrito consigo mesmo com o propósito de ser melhor a cada dia. Não aceite que seu comportamento do hoje seja inferior ao de ontem.

Provoque o seu futuro.

Crie o futuro que você sempre sonhou. O momento é agora.

Com todas as suas forças, recuse ser inferior ao que Deus o criou para ser. Rebele-se contra todo pensamento que o faça se sentir vítima e coitadista.

A atitude é algo que chama atenção de Deus. Uma pessoa que toma atitude em direção aos seus sonhos e objetivos move o coração de Deus.

Ter a ousadia de romper com a inércia agrada a Deus. Pela lógica, considerando que você tem livre arbítrio, como já discorremos antes, e considerando que com o método da inteligência espiritual você está adquirindo habilidades para fazer a escolha certa, tenha certeza: sua atitude de romper com a inércia o levará em direção à realização pessoal.

Em Salmos 107: 29-30, Davi poeticamente escreveu: "Faz cessar a tormenta, e acalmam-se as ondas. Então, se alegram com a bonança; e Ele, assim, os leva ao porto desejado".

Qual é o seu porto desejado?

Você será surpreendido pelo resultado. Lembre-se: o leão ruge porque essa é a natureza dele. Qual é a sua natureza? Dê agora mesmo o seu rugido de libertação.

Ative sua força motriz.

*Você está sendo treinado para ser a melhor versão
de si e conquistar todos os seus objetivos.
Acredite, você vai assustar muita gente.
Quando temos consciência de quem somos,
as pessoas ficam apavoradas porque não nos
deixamos levar pelos rótulos que tentam nos colocar.
Esteja preparado. As críticas vão aumentar, mas e daí?
Serão degraus para você.*

Fábia Braga

CAPÍTULO 7

Segunda lei de Newton aplicada à inteligência espiritual

A segunda lei de Newton é essencial para compreender como as forças afetam o movimento dos objetos e é aplicada amplamente em física, engenharia e ciências naturais. Ela fornece uma base teórica crucial para análise e previsão do comportamento dinâmico dos corpos sob a influência de forças externas. Conforme a segunda lei de Newton, descrita em sua obra *Philosophiæ naturalis principia mathematica* (1687): "A força resultante que atua sobre um corpo é proporcional ao produto da massa pela aceleração por ele adquirida".

De acordo com essa belíssima lei, se aplicarmos uma força a um objeto, ele vai acelerar na direção da força aplicada. Ou seja, quanto maior a força aplicada, maior será a aceleração resultante do objeto, desde que a massa permaneça constante.

A aplicação metafórica da segunda lei de Newton à inteligência espiritual oferece uma maneira interessante de entender como as forças que estão em nosso universo interior podem influenciar e impulsionar o nosso crescimento. Assim como a física nos ensina sobre as interações entre forças, massa e movimento, essa analogia nos convida a refletir sobre como iremos permitir que os acontecimentos moldem a nossa jornada.

Você superou a inércia no capítulo anterior, agora você é um ser humano em estado em movimento. Saiu do universo do coitadismo e do conformismo e deu o primeiro passo para saber que você é o grande responsável por tudo que ocorre em sua vida.

A partir do processo maravilhoso de autoconhecimento, você sabe que tem um universo de desafios pela frente e, com o desenvolvimento contínuo da sua inteligência espiritual, vai ultrapassar todos e quaisquer obstáculos.

Acredite, à medida que você for se preparando e vencendo etapas, sempre terá metas maiores e, obviamente, obstáculos maiores. Contudo, acredite: você está sendo treinado para ser a melhor versão de si e conquistar todos os seus objetivos.

Por vezes, os seus objetivos são tão grandes que acha que não são para você. Porém, estou aqui para dizer: são para você mesmo. Se nasceram dentro do seu universo interior, é porque querem se materializar em seu universo exterior.

Você tem o Criador da Existência a seu favor. A partir deste instante, tudo conspira por você e para você. Acredite! Sinta-se como se estivesse virando a chave de sua vida e dando a maior partida em direção aos seus objetivos, sabendo que esta viagem não tem volta. A cada meta alcançada, você se sentirá comprometido com o seu eu interior para alcançar uma nova meta. Esse belíssimo processo contínuo é diário.

Mais uma vez: não dê ibope às críticas. Pessoas que não têm atitude gostam de criticar quem a tem. Lembre-se: aqueles que julgam de forma negativa baseiam-se em si mesmos. A medida dessas pessoas são elas próprias; elas analisam pelo prisma do que são. Você não vai mais deixar que esses julgamentos e críticas o atinjam.

Gostaria de lembrá-lo algo fenomenal que está escrito em 1 Coríntios 2:9:

*"As coisas que o olho não viu, e o ouvido não ouviu,
e não subiram ao coração do homem são as que
Deus preparou para os que O amam".*

Deus age em parceria. Ele precisa que você tenha atitude. Ele precisa do seu desejo e da sua força de vontade de se tornar uma pessoa melhor.

Ele não quer que suas riquezas sejam depositadas em um cemitério.

Ele precisa dos seus sonhos e que você compartilhe com Ele suas aspirações.

Vão aparecer obstáculos, sim... Porém, eles o levarão à próxima fase, a mudar de nível, a avançar cada vez mais. Acredite, você vai ocupar territórios jamais imaginados. Isso é para você, porque você está vivo. É necessário o sangue correndo nas suas veias para que os projetos de Deus se realizem. O pulsar do seu coração ofegante, em busca de seus ideais, faz pulsar o coração do Criador da Existência. *Front...* Esse é o seu lugar.

A partir deste momento, você mudará sua visão sobre os obstáculos. Você vai enxergar cada um deles como uma etapa. Combinado?

Que tipo de vida você quer viver nesta Terra?

Você quer viver ou sobreviver?

Qual legado você quer deixar para seus familiares e as pessoas do seu convívio?

Quando as pessoas fizerem qualquer referência a você, quais adjetivos gostaria que elas usassem para descrevê-lo?

Agora, você acredita que pode experimentar uma vida sobrenatural?

Se já aplicou a primeira lei de Newton à sua vida e está disposto a este treinamento contínuo do universo da inteligência espiritual, deu um grande passo e está pronto para os novos desafios. O meu papel é exatamente o de desafiá-lo a ir além, a fim de superar todos os seus limites.

Conforme amplamente atribuída a Albert Einstein, mas sem comprovação definitiva, a ideia segundo a qual "Uma mente que se abre a uma nova ideia jamais voltará ao tamanho original", também se alinha ao pensamento de Oliver Wendell Holmes Sr., que afirmou: "A mente, uma vez estendida por uma nova ideia, nunca recupera suas dimensões originais".

Eu lhe apresento uma nova ideia, um desafio, um método que é um novo estilo de vida: a inteligência espiritual. Você está vivo, nasceu para vencer. Tudo o que você passou até aqui foi um treinamento para que sua biografia fosse fortalecida. O seu melhor momento e sua melhor jornada está começando agora.

Não se conforme com uma vida à margem dos seus sonhos. Você vai viver os seus sonhos. Você já saiu da inércia, lá não é mais o seu lugar. Você está se expandindo, em processo de treinamento. Acredite, você está em expansão. Tudo aquilo em que você se concentra expande. Você está em expansão. Concentre-se em ser uma pessoa melhor e marchar perseverantemente em busca dos seus objetivos, construindo assim o seu futuro desejado.

Ainda que seu movimento seja constante, o momento de aplicar uma força sobre ele é agora. O seu momento é agora. A força que provocará grande impacto em sua vida é a atitude. Aja agora mesmo.

Quando você vivia no universo da inércia, tinha grande resistência para alterar o estado do seu movimento. Vivia conformado, sem forças, sem ações, sem propósitos e sem visão de futuro. Afinal, você estava sem forças. Queria até sumir, não é? Você não percebia sua importância como ser humano criado à imagem e semelhança do Criador, não tinha consciência do que você realmente é.

Não compreendia a relevância dos cinco sentidos do seu corpo no processo de formação de ideias e decisões. Talvez não compreendesse que você, decerto, é uma potência. Mas agora já sabe exatamente quem é e o que é. Independentemente da sua idade, o seu momento é agora. Esqueça a opinião das pessoas, você é um vencedor.

Acredite, você vai assustar muita gente. Quando temos consciência de quem somos, deixamos as pessoas apavoradas porque não nos deixamos levar pelos rótulos que tentam nos colocar. Esteja preparado. As críticas vão aumentar, mas e daí? Serão degraus para você.

Vamos falar sobre a força, aquela que você vai aplicar, dia após dia, na sua vida para tirá-lo do lugar onde está e levá-lo para onde deseja estar.

Conforme a segunda lei de Newton, para mudar o estado do movimento de um objeto é necessário aplicar uma força sobre ele. É necessário dar o primeiro passo.

> *"Então, disse o Senhor a Moisés: Por que clamas a mim?*
> *Dize aos filhos de Israel que marchem. E tu, levanta a tua vara,*
> *e estende a tua mão sobre o mar, e fende-o, para que os filhos*
> *de Israel passem pelo meio do mar em seco"*
> *(Êxodo 14:15-16).*

Moisés já havia decidido, em seu coração, libertar os israelitas do Egito. A batalha já estava ganha no coração dele. Quando saíram do Egito, ainda no deserto, foram perseguidos pelo faraó e seu exército. O povo de Israel estava cansado, fisicamente exausto, mas já havia saído da inércia de ser escravo. Havia rompido com o Egito e estava caminhando em direção a seus objetivos. Já havia uma força motriz sobre eles. A inércia era passado.

No entanto, aquela fuga não era o bastante. Era necessário um impacto de força maior para que, de fato, eles pudessem migrar em direção a seus objetivos. Estavam diante do Mar Vermelho. Todo o povo de Israel estava ali. Por trás, vinha o exército inimigo para destruí-los. O que fazer?

> *"Então o Senhor indagou a Moisés: Por que clamas a mim?*
> *Dize aos filhos de Israel que marchem avante!"*
> *(Êxodo 14:15).*

A força motriz necessária naquele momento era a atitude alicerçada na fé, que é a força motriz vetorial que traz impacto em suas atitudes. Somente a fé faz você agir pelo sobrenatural, levá-lo ao universo da ousadia e da realização e a agir além, muito além das circunstâncias visíveis e naturais. O desenvolvimento contínuo de sua fé o faz vencer a gravidade.

A segunda lei de Newton aplicada à inteligência espiritual descreve como a fé deve ser usada diariamente na vida. Ela produz uma aceleração proporcional à força. Potencialize sua fé. Potencialize as suas forças. A aceleração é inversamente proporcional, levando-o para o seu futuro. Acredite que seus projetos e objetivos, alinhados aos planos de Deus, serão realizados. Nada é inócuo. Tudo conta. Cada atitude em direção aos seus objetivos o aproxima ainda mais de cada um deles.

Se você procura ter uma vida na presença de Deus, não vai morrer antes de alcançar e realizar os seus objetivos alinhados aos d'Ele. A fé é o combustível para a concretização de planos, ela o faz planar na atmosfera da ousadia, possibilitando que vejamos além da linha do horizonte. A fé traz a certeza de que você é imbatível. A propósito, você é imbatível, só precisa acreditar nisso.

Mas o que é a fé? Conforme nos relata o livro de Hebreus 11:1:

*"Ora, a fé é a certeza de que haveremos de receber
o que esperamos, e a prova daquilo que não podemos ver".*

A fé é o conjunto de atitudes que tomamos confiando, plenamente, no poder sobrenatural do Criador da Existência. Os sonhos passam pelo nosso universo mental. Enquanto estiverem nesse plano, trata-se somente de sonhos. A fé os enraíza em nosso universo material por meio de atitudes, planejamento e ação. Ela nos move para a ação. As atitudes, após serem criadas em nosso universo mental, são materializadas por meio dos nossos cinco sentidos.

Fé é um conceito multifacetado que pode ter significados diferentes dependendo do contexto em que é utilizado. Geralmente, refere-se a uma convicção profunda e pessoal em algo que não pode ser comprovado empiricamente ou racionalmente. Na física e na estatística, o termo está relacionado ao grau de confiança atribuído a uma hipótese ou modelo com base na evidência empírica disponível, não tendo qualquer conexão com o conceito como uma crença religiosa ou espiritual.

Já no judaísmo, a fé é caracterizada como um compromisso profundo com Deus. Os israelitas sonhavam com a libertação. Já tinham dado o primeiro passo e estavam caminhando em direção à terra prometida. Porém, em sua jornada, havia um imenso desafio: enfrentar os egípcios ou ousar ir além, confiando com fé que, se Deus os levara até ali, seria suficientemente poderoso para agir de modo sobrenatural. Logo, o que Deus ordenou? "Diga ao povo que marche!".

A mesma frase deve ecoar em seus ouvidos. Marche... Marche... Marche...

Deus queria uma atitude a mais, uma atitude de fé. Quando temos essa postura, chamamos a atenção de d'Ele. Em meu coração, creio plenamente que, ao termos atitudes de fé, Deus levanta-se do Seu trono e o Seu coração deleita-se com nossa existência.

Em Provérbios 23:15-16, encontramos:

> *"Filho meu, se o teu coração for sábio, alegrar-se-á o meu coração, sim, o meu próprio. E exultará o meu íntimo quando os teus lábios falarem coisas retas".*

Existe uma profundidade imensurável de revelação nessas palavras. Sempre que buscamos cultivar um coração sábio e proferir palavras justas, temos o privilégio de alegrar o coração de Deus. Alegrar o coração do Criador do Universo não apenas nos conecta ao divino, mas também nos transforma, tornando-nos melhores em cada aspecto do nosso dia a dia.

Atitudes de fé emergem de um coração confiante e sábio.

Tudo é questão de escolha, decisão e atitude após a percepção do mundo ao nosso redor por meio dos nossos cinco sentidos e da nossa atitude frente ao mundo exterior. Assim, a força que vai extrair de suas entranhas, diariamente, para uma vida abundante e com propósito reflete as suas atitudes de fé. Palavras de fé. Comportamento de fé.

Essa postura materializará toda a conspiração do universo a seu favor.

Seus projetos darão certo. Você terá uma vida plena de realizações e alegrará o coração de Deus. Imagine que honra alegrar o coração do Criador da Existência! Sim, isso é possível. Tenha atitude em relação aos seus ideais.

As atitudes de fé são caracterizadas por continuar sua caminhada em direção a seus objetivos, ainda que os obstáculos apareçam; você segue firme, trabalhando o seu plano de ação e avançando a cada dia. Aplica aceleração à sua "força motriz".

Palavras de fé são afirmações de vitória; é não admitir, em hipótese alguma, qualquer tipo de derrota e acreditar que tudo está conspirando para que você alcance os seus objetivos. Se algo não deu certo, nada de palavras tolas; pelo contrário, palavras de vitória. É uma oportunidade para você rever o seu plano de ação, extrair aprendizado e aperfeiçoar as suas forças.

Encontre aprendizado em tudo. Ressignifique. Mais uma vez, ressignifique.

Dê um novo contexto ao que você viveu e não deu certo. Edite, reescreva, faça dar certo. Ressignifique extraindo aprendizado e tornando-se a melhor versão de si mesmo.

O comportamento de fé é caracterizado pela conduta de quem não vive de acordo com as circunstâncias aparentes, mas em conformidade com o que acredita e alinhado com os seus objetivos.

Lê-se em Provérbios 11-9:

"[...] mas os justos serão libertados pelo conhecimento".

Este livro está em suas mãos no momento certo, para que você adquira o conhecimento da inteligência espiritual e desfrute de uma vida plena e abundante.

DICAS DE OURO

Na jornada em direção aos seus objetivos, evite atalhos. Atalho é a menor distância entre dois pontos, porém, na mais pura clareza, é também a maior distância entre dois pontos.

Não procure facilidade, mas realização. Atalho é um acidente de percurso. Evite atalhos. Cumpra sua missão.

Aproveite a sua jornada. Desfrute da sua trajetória.

Perceba o mundo ao seu redor e nada de se dobrar diante das circunstâncias.

Veja cada obstáculo como etapa e vença-o com dignidade. Mude de fase e celebre a mudança. Tenha atitudes alicerçadas na fé. Não viva apenas no universo dos sonhos, marche.

Com ousadia, adentre agora mesmo o universo da realização com a tomada de atitudes.

Aja com fé. Aja neste exato momento.

Ignore todas as críticas. Despreze os rótulos. Aceite somente o seu novo nome: REALIZAÇÃO.

Você não é vítima de nada. Não importa o que falam de você. O importante é exatamente o que você pensa acerca de si mesmo. Somente o atingem as coisas que você permite. A vida é muito nobre para se envolver com insignificâncias de egos inflados que são meros sepulcros caiados. Você precisa praticar a arte da seletividade quanto ao que vai permitir entrar em seu coração e em seus pensamentos. Tudo na vida acontece de dentro para fora. O que percebemos exteriormente é o reflexo do nosso mundo interior.

Fábia Braga

CAPÍTULO 8

Terceira lei de Newton aplicada à inteligência espiritual

A terceira lei de Newton é denominada também princípio da ação e reação, que é o equivalente a dizer que não existe uma ação sem reação. Em outras palavras, não existe nada inócuo.

Embora tenha sido formulada para descrever fenômenos físicos, a aplicação metafórica dessa lei à vida humana nos convida a refletir sobre interações, responsabilidades e impactos que nossas escolhas, decisões e ações têm sobre nós mesmos, sobre os outros e sobre o mundo ao nosso redor. Isso pode ajudar na tomada de decisões conscientes e nos impulsionar à criação do nosso futuro, definindo, assim, a nossa trajetória neste universo.

O que agora vivemos em nossa mente mostrará como estaremos em nossos mundos – interior e exterior – nos momentos seguintes. Como já mencionado, pelos nossos sentidos, percebemos o mundo exterior e, com a nossa mente, processamos pensamentos, ideias e atitudes. Nossas atitudes externas refletem nosso universo interno. Pense nisso.

Os pensamentos se tornam nossa realidade, por isso, é necessário praticar uma positividade que agregue valores à nossa existência. A lei da ação e da reação sempre funciona com perfeição e atua em todas as áreas de nossa vida. Logo, somos responsáveis pelo controle total e intencional do conteúdo da nossa consciência, nos disciplinando de modo consistente para pensar apenas

nas coisas que desejamos e, com firmeza, nos mantermos resolutos, longe de tudo que gere situações desagradáveis. Nossos pensamentos definem nossas escolhas, que definem nossas atitudes, que definem o nosso futuro.

Tudo na vida acontece de dentro para fora. É preciso reconhecer que nosso mundo interior é fundamental para moldar nossas experiências externas. Como pensamos e sentimos internamente influencia diretamente como percebemos e interagimos com o mundo ao nosso redor. Conceitos, percepções e críticas que fazemos são o reflexo do nosso interior. O seu universo interno é o seu maior patrimônio, e cabe a você cuidar dele. Você não é vítima de nada. Não importa o que dizem de você. O que importa é exatamente o que você pensa acerca de si. Somente o atingem as coisas que você permite. A vida é muito nobre para se envolver com insignificâncias de egos inflados, meros sepulcros caiados. Você precisa praticar a arte da seletividade quanto ao que você permitirá entrar em seu coração e em seus pensamentos.

Fundamentadas na terceira lei de Newton, suas ações trarão os resultados a sua vida. Como serão suas escolhas, decisões e atitudes a partir de agora?

Veja bem: você é à imagem e semelhança do Criador, é muito notável para se envolver com coisas irrelevantes que tentam minar sua autoestima. Exatamente por isso, até aqui, desenvolvemos a autoconsciência e o autoconhecimento para fortalecermos a autoconfiança. Sendo autoconfiante, você terá o seu universo interior blindado e livre dos ressentimentos, das culpas e das mágoas. Você é o arquiteto do seu futuro. E mais: a partir do momento que você se conscientizar dessas verdades e mudar o prisma de sua visão acerca de si mesmo, a sua visão a respeito de outras pessoas com certeza vai mudar também.

Embora não seja uma lei científica formal, o princípio de que "o que focamos expande" enfatiza a importância de direcionar conscientemente nossos pensamentos e nossa atenção para o que realmente importa para nós. Ao fazer isso, podemos influenciar positivamente nossa perspectiva, nossas experiências e nossos resultados na vida. Ação e reação.

Intencionalmente, sugiro que a partir de agora, você foque o seu sucesso. Quando focamos em algo específico, nossa mente tende a filtrar e perceber mais informações relacionadas ao tema. Seja voltado para soluções. Focar em pensamentos positivos ou negativos pode reforçar padrões mentais correspondentes. Quando você focar em soluções em sua vida, suas escolhas, decisões e atitudes serão voltadas para a criação de soluções. Se nos concentramos em aspectos positivos de uma situação, estaremos mais propensos a perceber e interpretar eventos de maneira positiva.

Procure em seu universo interior quais foram as atitudes que te levaram a uma colheita feliz. Recupere na memória tudo aquilo que possa lhe trazer esperança. Esse é um estado de espírito que as Sagradas Escrituras nos orientam a perseguir.

Lembrando que toda ação gera uma reação, coloque intencionalmente como meta de vida que todos os dias você seja uma pessoa melhor, excelente em tudo o que fizer. Não se conforme em viver na mediocridade. Não aceite a mediocridade. Não faça apenas o necessário, faça mais. Faça mais para você mesmo, faça mais em seu trabalho, faça mais para o seu próximo. Pessoas medíocres são medianas. Pessoas medíocres e medianas são aquelas que fazem por obrigação, que fazem somente o que tem que ser feito. Você nasceu para ser excelente, e não medíocre.

Pessoas excelentes fazem muito mais do que deve ser feito, para elas, para Deus e para o próximo. Pessoas excelentes têm comportamento excelente. Pessoas excelentes perdoam, encantam, destilam amor, não têm tempo para mediocridade e ressignificam os acontecimentos. O estilo de vida com o inteligência espiritual o desafia a buscar incansavelmente a excelência. O desafio é diário. Com a adoção desse estilo de vida a sua meta é: "Hoje eu serei melhor que ontem em tudo que eu fizer, tanto para mim como para outras pessoas".

Você pode dizer, como argumento, que isso é uma utopia. Mas, não, vou lhe ensinar uma técnica. A psicóloga social Ammy Cuddy, autora do livro *O poder da presença*, nos orienta a fingir até que seja verdade. Isso mesmo. Comece praticando esse novo estilo de vida ainda que seja contra todos os seus instintos. Faça isso até que se torne uma verdade absoluta em sua vida.

Encontramos respaldo da terceira lei de Newton em várias passagens das Sagradas Escrituras. Em Provérbios 22:8, temos:

"o que semear a perversidade segará males".

Ainda em Provérbios 11:18:

"para o que semeia justiça, haverá galardão certo".

E Gálatas 6:7 traz:

"tudo o que o homem semar, isso também ceifará".

Indubitavelmente, toda ação traz uma reação em nossas vidas. Quando agimos incessantemente para alcançarmos nossos objetivos, envidando esforços, teremos, como resultado, nossos objetivos alcançados.

Quando colocamos em nosso coração o desejo de mudança comportamental, se imprimirmos esforços, a partir do momento que decidirmos que precisamos mudar para melhor, já se inicia um processo cíclico de mudanças em nossa vida. Expandimos.

Segundo o dramaturgo inglês William Shakespeare, "fortes razões fazem fortes ações". Você tem alguma razão para mudar suas ações? Suas razões são seguramente fortes para uma vida plena? Quais ações fortes você poderá adotar para ser uma pessoa melhor? Quais são as suas fortes razões para estar aqui? A partir de agora, quais serão as suas fortes ações?

Para Sigmund Freud, "o pensamento é o ensaio da ação". Como abordamos no transcorrer do livro, é no pensamento que articulamos as ideias que antecedem nossas ações. Você pode controlar a qualidade dos seus pensamentos. O seu pensamento é o ensaio de suas ações. Se precisar de muitos ensaios, faça-o. Porém, quando entrar no palco existencial, seja o ator principal. Ensaie bastante para não errar o ato.

Muitos sustentam a velha frase dos fracassados e infelizes: "Esse é o meu jeito, eu nasci assim". Essa frase não faz mais parte do seu vocabulário. A forma que você é, que se comporta, que enxerga o mundo pode ser mudada a cada nascer do Sol. Lembre-se dos seus 86.400 segundos.

Acredite, mudar é preciso... Mais do que preciso.

DICAS DE OURO

Sempre que for tomar uma atitude, considere a terceira lei de Newton. Analise se sua ação trará a reação que você realmente espera. Não pegue atalhos.

Seja correto com você mesmo. Saiba que qualquer atitude tomada agora vai interferir em seus resultados. Quais resultados você espera de sua vida? Aja com sabedoria para atingi-los.

Seja autoconsciente de suas ações. Lembre-se de que toda ação traz consigo uma reação. Aja conforme os seus propósitos para que as reações que a vida lhe apresentar estejam em conformidade com seus objetivos.

Detalhe todos os seus objetivos: escreva, reescreva e, em seguida, registre todas as ações que você deverá adotar para que eles sejam alcançados.

Procure e encontre suas fortes razões e tenha fortes ações. Você tem alguma razão para mudar suas ações? Ela é forte o suficiente para que você tenha uma vida plena? Quais ações fortes você pode adotar para ser uma pessoa melhor? Quais adotará para que não se arrependa de atitudes precipitadas?

───────────────────

*Nós existimos como seres que transcendem
o corpo físico; não somos só um corpo, mas um espírito
que existe dentro do corpo. Somos seres espirituais
vivendo uma experiência na Terra. Somos seres eternos.
Essa perspectiva nos lembra da nossa natureza eterna.
Ao deixarmos de lado as "verdades absolutas" que
limitam nossa visão, podemos abrir espaço para criar
conscientemente o caminho do nosso futuro.*

Fábia Braga

CAPÍTULO 9

Teoria da relatividade aplicada à inteligência espiritual

Albert Einstein, com a teoria da relatividade, provou que tempo, espaço e movimento são relativos. Galileu, por volta de 1590, iniciou os estudos sobre o princípio da inércia, que se tornaram as ideias precursoras da mecânica newtoniana. Posteriormente, em 1687, Isaac Newton publicou suas leis. O comportamento humano é relativo. A única verdade absoluta existente é Deus, o Autor da Existência!

Farei referência apenas à primeira lei de Newton, que diz que um "objeto que está em repouso ficará em repouso a não ser que uma força resultante aja sobre ele".

Para chegar ao objetivo deste capítulo, não posso deixar de citar René Descartes, em seu célebre *Discurso do método*: "*cogito, ergo sum*". Esse é o princípio fundamental de toda a certeza racionalista. Para chegar a ele, Descartes utilizou-se da dúvida radical ou hiperbólica. Ele duvidou inicialmente de suas sensações como forma de conhecer o mundo e concluiu que elas enganam sempre. Na arte da dúvida, Descartes encontrou a realidade de sua existência. Precisou sair da epiderme e entrar em suas camadas existenciais mais profundas. Deixou o raso em busca de um mergulho existencial. Se ele exerce a arte da dúvida é porque ele pensa; se pensa, existe. E, se existe, pode fazer escolhas. Pode-se ser raso ou profundo, viver na superfície da existência ou mergulhar em busca de conhecimentos profundos sobre si mesmo. Logo, se você exerce a arte da dúvida é porque pensa; se pensa é porque existe; se existe é porque está vivo; e, se está vivo, é capaz de dar um novo curso à sua vida. E esse novo curso não pode ser estabelecido no raso, na superfície; é necessário mergulhar no mais profundo de si.

Iniciando pelo princípio da inércia de Galileu, compreendemos que todo corpo tende a permanecer em seu estado de repouso ou de movimento uniforme em linha reta, a menos que seja compelido a mudar esse estado por forças externas. Esse princípio foi refinado e ampliado por Isaac Newton na formulação de sua primeira lei, que estabelece que a força resultante é necessária para alterar o estado de movimento de um corpo. Descartes, por sua vez, trouxe contribuições filosóficas fundamentais ao conectar a mecânica clássica à racionalidade humana. Por fim, a teoria da relatividade de Einstein introduziu uma nova perspectiva sobre a dinâmica dos corpos em movimento, revolucionando a física e trazendo conceitos que também podem ser aplicados à compreensão do comportamento humano. É interessante observar que todos esses princípios científicos encontram ressonância nos ensinamentos das Sagradas Escrituras.

Assim como na relatividade, diferentes observadores podem ter percepções distintas do tempo e do espaço dependendo de sua velocidade relativa; no comportamento humano, as pessoas podem ter interpretações distintas de eventos, baseadas em suas experiências passadas, crenças e perspectivas individuais. A teoria da relatividade sugere que não há uma perspectiva "absoluta" correta; em vez disso, devemos considerar múltiplas visões para entender completamente um fenômeno.

Na efêmera existência humana, tudo é relativo. Pessoas sofrem e fazem outras sofrerem por criarem verdades absolutas em suas mentes e se tornarem vítimas de si mesmas. Muitas pessoas preferem viver na superfície, sendo rasas e acreditando, por seus dogmas, serem profundas.

O desenvolvimento da teoria da relatividade foi o resultado da capacidade do cientista de questionar, integrar conhecimentos existentes e imaginar cenários alternativos. Suas ideias revolucionárias alteraram fundamentalmente nossa compreensão do universo e continuam a inspirar cientistas e filósofos até hoje. A nossa relatividade interna é a capacidade de questionar, integrar conhecimentos e sermos criativos. Essa habilidade está dentro de você.

A teoria da relatividade, desenvolvida por Einstein, é amplamente reconhecida como resultado de rigorosos cálculos matemáticos e estudos científicos. No entanto, é interessante observar como alguns de seus conceitos encontram paralelos em reflexões presentes nas Sagradas Escrituras.

Por exemplo, Salmos 90:4 afirma:

> *"Porque mil anos são aos teus olhos como o dia de ontem que passou, e como a vigília da noite".*

Esse versículo, que destaca a relatividade do tempo da perspectiva divina, apresenta uma analogia fascinante com a forma como a teoria da relatividade aborda o tempo e o espaço, demonstrando que ambos podem ser percebidos de maneira variável, dependendo do referencial. Embora não haja evidências de que Einstein tenha usado a Bíblia como referência direta, a semelhança conceitual entre os dois é digna de nota.

Esse salmo, escrito por Moisés, deixa claro que tudo é relativo e que Deus não é limitado ao tempo. O ser humano sofre por não compreender essa premissa existencial. Mesmo que você pense que sua trajetória até aqui não tenha valido a pensa, informo que no seu próximo ano, ou em dois, três ou cinco anos, você poderá realizar tudo o que planejou para sua vida.

Nós existimos e ponto. Não somos só um corpo, mas um espírito que existe dentro do corpo. Somos seres espirituais vivendo uma experiência na Terra. Somos eternos. Se o ser humano deixasse de criar suas verdades absolutas, estaria pronto para criar o design do seu futuro. Se aplicasse a teoria da relatividade em seus relacionamentos interpessoais, mostraria altruísmo e compreenderia seu semelhante de maneira mais compreensível (fui, propositalmente, redundante). Agiria dia após dia em direção ao seu destino com aprendizado em toda a sua trajetória. No caminho, somos forjados para o nosso destino. No entanto, para isso, é preciso romper com a inércia e sair da zona de conforto. O salto desse mergulho, partindo da superfície em direção ao profundo, está no ápice de seus pensamentos, no seu processo decisório, na forma que a partir de agora você vai se relacionar consigo mesmo, no que você vai permitir que orbite em seu universo interior, nos seus julgamentos e em suas verdades absolutas.

Muitas vezes, é necessário o encerramento de ciclos interiores, rompendo com suas próprias verdades, que o atrapalham, e com o seu próprio eu para dar lugar a uma nova vida. Uma nova vida requer novas atitudes. É completamente insano tentar atingir a excelência com atitudes de mediocridade ou vingança. A oportunidade da mudança está ocorrendo agora, e você pode mudar. Encerre ciclos interiores e dê lugar a uma nova vida, um novo estilo de vida. É o seu momento de mudar de fase.

Existem momentos em que é preciso encerrar ciclos. Cito um trecho da belíssima crônica de Glória Hurtado, *Encerrando ciclos*:

> *"Ninguém pode estar ao mesmo tempo no presente e no passado, nem mesmo quando tentamos entender as coisas que acontecem conosco. O que passou não voltará: não podemos ser eternamente meninos, adolescentes tardios, filhos que se sentem culpados ou rancorosos com os pais, amantes que revivem noite e dia uma ligação com quem já foi embora e não tem a menor intenção de voltar".*

Muitos indivíduos permanecem aprisionados em acontecimentos do passado, carregando o peso de amarguras e ressentimentos que os imobilizam. No entanto, você tem a grandeza necessária para não permitir que tais sentimentos conduzam o curso do seu processo mental. O momento de transformação é agora. Reoriente o prisma pelo qual enxerga a vida, adotando uma nova perspectiva sobre os eventos que marcaram sua trajetória. Assim como a teoria da relatividade nos ensina que a percepção dos fenômenos depende do referencial, reinterprete os acontecimentos e descubra que a realidade pode ser moldada pela forma como a encaramos. Não se permita ser vítima do infortúnio; lembre-se de que o significado das experiências é tão mutável quanto nossa visão sobre elas.

O princípio fundamental de Newton nos ensina que um corpo em repouso permanecerá assim até que uma força o retire desse estado de inércia. Da mesma forma, os aspectos críticos que perpetuam o sofrimento humano só podem ser alterados por uma ação decisiva, uma força que rompa a estagnação. Para abandonar o conformismo, a mediocridade e o rancor, é imprescindível um enfrentamento interno, uma autotransformação que desafie paradigmas e abra caminho para uma vida plena e significativa. Portanto, leitor, o momento de agir e transformar a sua existência não é outro senão agora.

As Sagradas Escrituras orientam o ser humano a pensar, estudar, refletir e encontrar o conhecimento. Prova disso está em Provérbios 2: 1-5, que orienta o ser humano a buscar a sabedoria e o conhecimento. Não é possível encontrarmos a sabedoria e o conhecimento na superfície, no raso. O rei Salomão nos orienta:

> *"Filho meu, se aceitares as minhas palavras e esconderes contigo os meus mandamentos, para fazeres atento à sabedoria o teu ouvido, e para inclinares o teu coração ao entendimento, e se clamares por entendimento, e por inteligência alçares a tua voz, se como prata a buscares e como tesouros escondidos a procurares, então entenderás o temor do Senhor e acharás o conhecimento de Deus".*

Como procuramos tesouros escondidos? Na superfície? Não! No raso? Não! Devemos cavar e ir em direção ao mais profundo para encontrarmos ouro, prata ou diamante. E, quando encontramos o tesouro escondido, ele nunca está pronto para uso. Está em sua forma bruta: o ouro precisa ser depurado; o diamante, lapidado.

Outro ponto importante é que as Sagradas Escrituras (em minha visão, Manual da Existência Humana, do relacionamento humano e com Deus) destacam, em diversas passagens, o fato de não sermos conformistas e ousarmos tomar atitudes. Um exemplo está em Josué 1-6:

"Esforça-te e tem bom ânimo".

Além de mergulharmos em direção ao autoconhecimento e ao conhecimento, quando o encontramos não é o fim do caminho, mas um meio. Aí, sim, inicia-se o caminho. Precisamos cavar, localizar, examinar, relativizar, utilizar esse processo de maneira contínua para vivermos, e não apenas sobrevivermos – tudo isso exige a adoção de esforço contínuo e bom ânimo.

A Terra encontra-se em constante movimento, seja por meio da rotação ou da translação. Esse dinamismo nos ensina uma lição fundamental: não fomos criados para a estagnação. Nossa existência não se destina ao conformismo, mas a superar nossos próprios limites e ousar ir além. Precisamos encontrar o nosso próprio ritmo e seguir em frente, sem jamais interromper esse fluxo vital.

Como afirmou o personagem Hamlet, na célebre peça homônima de William Shakespeare (Ato I, Cena V): "Há mais coisas entre o céu e a terra, Horácio, do que sonha a nossa filosofia". Inspirando-me em suas palavras, ouso parafraseá-lo: há mais coisas entre o seu universo interior e o seu universo exterior do que você pode imaginar. No entanto, cabe a você a responsabilidade de desvendá-los, explorando as profundezas de quem você é e o vasto potencial que o cerca.

Com fé, precisamos imprimir movimento e aceleração em nossa vida, além de racionalidade em nossa racionalidade.

A Terra está em constante movimento.

Provoque o movimento necessário para ser uma pessoa melhor e navegar para o seu porto desejado, independentemente dos ventos.

DICAS DE OURO

É importante considerar que tudo é relativo. O nosso pensamento em relação a alguma coisa poderá ser alterado de acordo com a percepção. Mude a percepção! Saia da inércia! Saia da zona de conforto!

Se está acostumado a algo que o faz sofrer, imprima sobre isso uma força e mude sua posição. Toda ação traz uma reação. É necessário pensar na reação esperada para ter uma ação racional certa.

Não aceite ser uma pessoa vingativa, um poço de ressentimentos, vítima de tudo e de todos.

Não se preocupe em sempre dar a palavra final. Rejeite sentimentos de mágoa. Você está no comando do que aceita como verdade absoluta ou não.

A única verdade absoluta que você pode aceitar é que foi criado à imagem e semelhança do Criador; e nasceu para vencer! Você nasceu para ter inteligência espiritual! Você nasceu com o desafio de ser melhor a cada dia. Você é imbatível. Pessoas imbatíveis tomam atitudes de pessoas imbatíveis! Sua conduta deve estar alinhada à pessoa que você quer ser. Qual a pessoa que você quer ser? Quais serão suas atitudes a partir de agora?

Exercite sempre a arte da dúvida quanto ao próprio comportamento. Acredite: você não é dono da razão. Desenvolva resiliência. Discipline sua flexibilidade mental. Evite a rigidez.

Esteja sempre pronto para ouvir. Ouça as pessoas e os ensinamentos da vida. Ouça a voz do silêncio. Ouça sua voz interior. Pratique o ouvir. Crie hábitos de monólogos interno. Treine para ouvir o Autor da Existência falar no mais íntimo do seu coração. Ele sempre fala. Por estarmos envolvidos com tantas preocupações, deixamos de ouvir a voz d'Ele.

Preocupe-se menos. Ouça mais. Deixe sua vida fluir. Seja leve com você mesmo e permita-se ser leve. Tenha em mente o seu propósito de vida e tome todas as atitudes coerentes com ele.

Procure os seus tesouros escondidos e inicie o processo de lapidação – essa é uma característica da inteligência espiritual... É algo contínuo: quanto mais cavar, mais tesouros vai encontrar. Quanto mais lapidar, mais brilho terá.

Saia da epiderme. Entre em suas camadas existenciais mais profundas.

---

*Assim como o cosmos abriga galáxias,
estrelas e planetas, supernovas e buracos negros,
o nosso universo interior é um vasto espaço de
pensamentos, emoções e percepções. Cada pensamento
é como uma estrela brilhante; cada emoção, como um
planeta em órbita. A mente humana, como uma galáxia,
é rica em sistemas complexos de ideias e memórias,
em constante expansão e exploração. E é nesse
ambiente que nascem as nossas decisões.*

Fábia Braga

CAPÍTULO 10

O poder da decisão: Daniel

O processo decisório humano pode ser visto como uma constelação em evolução dentro do universo interior. Assim como os corpos celestes interagem e influenciam uns aos outros, nossas escolhas são moldadas por uma interação complexa de pensamentos, emoções e experiências que, permitamos ou não, influenciam o nosso processo decisório.

Cada decisão que tomamos é como um evento cósmico, no qual fatores diversos, como gravidade emocional, luz do conhecimento e atração de valores, orbitam em torno de um centro de tomada de decisão. Assim como no cosmos, no qual as leis físicas guiam o movimento dos corpos celestes, princípios como racionalidade, intuição e aprendizado moldam o curso de nossas decisões e criam o lugar em que vamos estar no futuro.

Nessa analogia, elementos astronômicos, como gravidade, órbita e interação entre corpos celestes, são usados para ilustrar os processos complexos que moldam nossas escolhas e decisões na vastidão do universo interior. No ambiente criado pela força mais poderosa do universo, temos um componente da inteligência: a cognição. Esse é um termo abrangente que se refere aos processos mentais envolvidos em aquisição, armazenamento, manipulação e recuperação de informações. Um dos principais componentes da cognição é a percepção, um processo de reconhecer e interpretar estímulos sensoriais do ambiente, como visão, audição, tato, olfato e paladar. Como falamos em outros capítulos, os sentidos, juntamente com as memórias, interferem diretamente no processo decisório.

Nas Sagradas Escrituras, o livro de Daniel traz um caso real de:

- inteligência espiritual;
- definição de valores;
- percepção pelos cinco sentidos do corpo;
- articulação de ações através de pensamentos;
- poder de decisão;
- lei da física aplicada a um comportamento (toda ação traz uma reação).

Analisar a história de Daniel nos leva a apreender a importância do processo de escolhas na construção do nosso futuro. No capítulo 1 de sua obra nos é relatado que, no terceiro ano do reinado de Joaquim, rei de Judá, Jerusalém foi sitiada por Nabucodonosor, rei da Babilônia, que ordenou a um superintendente que trouxesse a ele jovens de linhagem real, nobres, sem defeito, de boa aparência e inteligentes. Dentre os selecionados, estava o jovem Daniel. Nabucodonosor queria jovens que fossem facilmente moldáveis e que pudessem ser educados nos costumes e na cultura babilônica. Jovens são geralmente mais abertos a novas ideias e mudanças, tornando-os mais suscetíveis à adoção de novas práticas e crenças. Nabucodonosor ordenou que eles fossem instruídos na língia e na literatura dos babilônios. Isso incluía aprender sobre a cultura, a ciência, a religião e a administração babilônica. Ao assimilá-los culturalmente, esperava que se tornassem leais ao império e úteis para a administração do reino.

Cabe ressaltar que Nabucodonosor, além de grande estadista, era excelente estrategista. Quando sitiava uma cidade, baseado em três pré-requisitos, escolhia os melhores jovens para estudarem na Babilônia, a fim de servi-lo. Essa articulação de Nabucodonosor objetivava mais que subjugar os povos: incutir-lhes sua cultura e, principalmente, sua religião. Seu objetivo era minar a identidade e a cultura de um povo, imprimindo, então, a cultura da Babilônia. Tratava-se de uma ofensiva articulada contra os valores pessoais do povo subjugado.

Daniel se viu diante de uma situação na qual, por meio dos cinco sentidos do corpo, pôde perceber o mundo externo (a Babilônia), visualizar a beleza do lugar, as orgias praticadas ali, os cultos a outros deuses, o aroma de comidas finas e as "melhores" bebidas.

De ascendência judaica, provavelmente da tribo de Judá, Daniel sabia quem ele era, tinha seus valores definidos e temia a Deus. Após notar o mundo cultural babilônico, decidiu não se contaminar com aquela cultura pecaminosa, ou seja, Daniel optou, firmemente, por não se corromper com as orgias e belezas da Babilônia. Ele tinha um propósito na vida e seus valores não podiam ser negociados e transigidos.

Após sua percepção do mundo externo, Daniel articulou as ideias que dirigiriam suas ações e decisões, que fariam toda diferença para sua vida futura e para seu povo. Suas atitudes o aproximaram do porvir. Acredite: as atitudes presentes o deixam mais próximo do seu futuro.

Embora tenha crescido em um ambiente hostil, Daniel não cedeu às pressões da Babilônia e manteve-se firme em seu propósito de não sucumbir, não negociar, não transigir. Integridade era o principal valor para ele.

Daniel não tinha problema de identidade. Um dos maiores inconvenientes da humanidade é a falta de identidade e de propósito, exatamente porque as pessoas vivem na superfície de uma vida rotulada. Daniel tinha seus valores definidos e lhes era fiel. Ele manteve sua postura de fidelidade absoluta a seu Deus e foi leal aos valores estabelecidos em sua vida.

Em meio a uma geração infiel, Daniel decidiu ser fiel a Deus. Mesmo vindo de uma nação sob o jugo da Babilônia, não lamentava o que ocorrera em seu passado. Foi levado cativo para lá, mas cria, completamente, que seu Deus poderia abençoá-lo onde quer que estivesse.

Daniel não agia como um termômetro, medindo a temperatura do ambiente no qual estava inserido e deixando que isso afetasse sua gestão psíquica, fazendo dele uma vítima sem identidade. Pelo contrário, era termostato. Sua presença mudava a atmosfera na qual estava inserido. Ele sabia que tudo dependeria de suas escolhas, atitudes e ações. Ele tinha consciência que, pela sua percepção, estava no comando do seu universo interior e poderia decidir agir conforme os seus valores ou não. Daniel não se deixou levar...

O ambiente pode nos influenciar, porém, para isso, é preciso haver permissão, e quem está no controle de permitir a influência ou não somos nós.

John Locke, com sua teoria da tábua rasa, argumentou que o homem é produto do ambiente e das experiências. Essa teoria teve um impacto profundo em várias áreas, incluindo educação, psicologia, e filosofia, promovendo a importância do ambiente e da experiência na formação do indivíduo. Apesar de essa ser a ideia central na sua obra *Ensaio acerca do entendimento humano* (1690), deve-se considerar que o ambiente precisa da nossa permissão para nos influenciar.

Daniel poderia procurar culpados para sua situação ou se revoltar com a situação em que estava. Sabiamente, escolheu viver o presente, com olhos postos no futuro, preservando, em especial, seus valores e sua cultura. Ele se destacou em um ambiente estrangeiro e hostil, mantendo sua fé em Deus e influenciando a corte Babilônia.

Sendo fiel a Deus, suas ações provocaram a reação do Senhor, que o abençoou. Reis e estadistas passaram, e Daniel continuou. Seu sucesso teve continuidade. Sucesso somente é sucesso quando tem continuidade em nosso propósito de vida.

Enganou-se Jean-Jacques Rousseau ao afirmar que o homem é produto do meio e retrata exatamente aquilo que o meio imprime sobre ele. Não é o ambiente que faz o homem, mas o homem que faz o ambiente. Aliás, é uma característica da inteligência a adaptação do ambiente, promovendo a mudança nele ou a automudança. Daniel é um exemplo disso. Não podemos ser termômetros. A inteligência espiritual nos faz termostatos. O ambiente não pode definir quem somos, nós que definimos isso com nossas escolhas e, principalmente, com os sentimentos que temos em relação a nós mesmos.

Daniel resistiu com diligência ao absolutismo do rei e ressoou como uma nota altissonante em meio àquela turbulência. Uma das características mais fortes de Daniel era a fidelidade a seus valores. Ele foi absolutamente intransigente ao não aceitar o pecado em sua vida. Em hipótese alguma, negociou seus valores; não vendeu sua consciência. Ele tinha tolerância zero ao pecado. Esse deve ser nosso estilo de vida. Ainda que não consigamos atingi-lo como um fim, que seja um meio em nossa existência. Mesmo naquela situação, Daniel não tinha crise de identidade, mas identidade própria. Estava pronto para morrer, mas não estava pronto para pecar e nem trair os seus valores.

É importante considerar que Daniel tinha seus valores definidos. Para desfrutarmos da autoconfiança, fruto da inteligência espiritual, devemos ter nossos valores bem definidos. A base da autoconfiança é viver de acordo com nossos próprios valores. Daniel vivia segundo os seus, tinha uma conduta transparente e firme em relação ao que acreditava ser certo e digno. Suas escolhas, ações e atitudes refletiam a fidelidade a seus valores.

Você sabe quais são os seus? É de extrema importância que você pense e estabeleça quais são. A definição dos seus valores pessoais é, indubitavelmente, o ponto de partida para a prática da inteligência espiritual. Pessoas nobres pensam sobre seus valores e, no momento que os definem com clareza e exatidão, passam a ter uma conduta de forma que todas as suas ações os reflitam. Tais atitudes são um treinamento para fortalecer a autoconfiança.

Definir valores próprios é um processo essencial de autoconhecimento que envolve identificar e esclarecer o que é mais importante para você em termos de princípios, crenças e comportamentos. Eles orientam suas decisões, ações e interações com os outros e com o universo interior. Contudo, para tal, algumas perguntas são essenciais:

- O que é mais importante para sua vida?
- Quais são as qualidades que você mais admira em outras pessoas?
- Em que situações você se sente mais autêntico e realizado?
- O que você defende?

- Em que você mais acredita?
- Por quais valores você estaria disposto a se sacrificar?
- Para você, o que é inegociável?
- Do que você abriria mão para alcançar seus objetivos?
- O que você não renunciaria?

Essa definição é um processo contínuo de autodescoberta e alinhamento de ações. Ao entender e priorizar seus valores, você pode tomar decisões mais conscientes e viver uma vida mais autêntica e satisfatória. Após defini-los, você precisa revisá-los periodicamente, pois podem evoluir com o tempo e as experiências de vida. Ajuste-os conforme necessário para garantir que continuem a refletir quem você é e o que é importante para você. Essa atitude neutraliza qualquer tipo de crise de identidade.

Os valores não são encontrados na superfície; essa definição é um ótimo exercício para o autoconhecimento. Você valoriza sua família? Valoriza seu Deus? Valoriza seu trabalho? E sua carreira? Sua saúde? Quais princípios você valoriza? Honestidade? Compaixão? Sinceridade? Altruísmo? Lealdade? Gratidão? Sejam quais forem os seus valores, não importa: defina-os agora mesmo.

A partir do momento que forem definidos, entenda que são inegociáveis, porém, podem ser ajustados. Para Daniel, a fidelidade a Deus era inegociável e ele agia de acordo com isso; em sua escala de importância, era o mais alto. Ele estava disposto a se sacrificar completamente por esse valor, porque o tinha bem claro e definido em sua vida.

A escolha de Daniel chamou a atenção de Deus, pois ativou o universo e provocou a sucessão de milagres que aconteceriam em sua vida, influenciando assim vários reis. Suas atitudes têm ativado qual universo? Elas têm provocado milagres em sua vida? Você pode ativar o universo! Pode provocar uma série de milagres em sua história! Colocar Deus em primeiro lugar é o alicerce para uma vida plena. A verdadeira paz, que não é um fim, mas um meio para uma vida abundante, somente é alcançada quando buscamos conhecer Deus. Essa busca fundamenta o processo de formação de identidade e também nos leva ao autoconhecimento.

Em Deuteronômio 6:1-6, revela-se um mapa para a vida abundante:

"Estes, pois, são os mandamentos, os estatutos e os juízos que mandou o Senhor, vosso Deus, para se vos ensinar, para que os fizésseis na terra a que passais a possuir; para que temas ao Senhor, teu Deus, e guardes todos os seus estatutos e mandamentos, que eu te ordeno, tu, e teu filho, e o filho de teu

> *filho, todos os dias da tua vida; e que teus dias sejam prolongados. Ouve, pois, ó Israel, e atenta que os guardes, para que bem te suceda, e muito te multipliques, como te disse o Senhor, Deus de teus pais, na terra que mana leite e mel. Ouve, Israel, o Senhor, nosso Deus, é o único Senhor. Amarás, pois, o Senhor, teu Deus, de todo o teu coração, e de toda a tua alma, e de todo o teu poder".*

A definição de valores com sinceridade nos traz autoconfiança. Selecionar os próprios valores representa um ato de afirmar para si e para os outros exatamente como você vai conduzir sua vida de determinado momento em diante. O seu momento é este! A determinação dos valores pessoais é um antídoto para ações que nos levam ao arrependimento. Repito: o nosso exercício de definição de valores pessoais é um antídoto para atitudes que nos levam ao arrependimento

Daniel, um exemplo de inteligência espiritual, tinha a gestão do seu processo decisório definindo o ambiente no qual estava inserido. A confiança plena em Deus é um endosso para que alcancemos as vitórias e nos dá serenidade para agirmos nos momentos de adversidade. A confiança plena em Deus nos leva a usar os nossos cinco sentidos de maneira coerente com o nosso propósito na vida. O ambiente pode tentar nos definir e direcionar, contudo, quando confiamos na força mais poderosa do universo, sabemos que o que Ele tem para nós é uma vida abundante. E acredite: a confiança plena em Deus é um treinamento diário. Você não pode parar de treinar. O treinamento é contínuo.

Daniel tomou as atitudes corretas alicerçadas na fé. Ele não aceitou as verdades absolutas impostas pelo rei. Ele sabia que a única verdade realmente absoluta era ser fiel a seus valores e ao único Deus.

DICAS DE OURO

Definir valores é como construir um ativo pessoal. Você está construindo o seu ativo pessoal. O design de seus valores deve estar contundentemente coerente com o que você acredita e com aquilo que quer para você.

Qual futuro quer alcançar? Esse futuro está começando agora. Seja bem-vindo ao seu destino.

Quais são os valores importantes que regem sua vida? Quais atitudes fazem parte do seu comportamento e realmente refletem cada um desses valores?

Quais são as atitudes que fazem parte do seu comportamento que, evidentemente, não estão de acordo com os seus valores?

O que gera aquele "ruído" em sua alma?

Qual é o padrão de comportamento que te gera arrependimento? Por que então continua com ele?

O que você diz que gera "peso de consciência"? Por que continua falando?

É tudo sobre você.

Você está no comando.

Comece a praticar as atitudes em consonância com os seus valores e o seu destino. Abandone aquelas que não vão de encontro a eles e ao futuro que você tanto deseja.

―――――――――――――――

A percepção é uma ferramenta crucial para tomarmos decisões de acordo com o nosso propósito na vida.

Fábia Braga

CAPÍTULO 11

Poder da percepção: o sexto sentido

A percepção é o processo pelo qual os seres humanos interpretam e dão sentido às informações sensoriais que recebem do ambiente ao seu redor. Esse processo envolve organização, identificação e interpretação de estímulos visuais, auditivios, tateis, olfativos e gustativos para formar uma compreensão consciente do ambiente. A percepção não é apenas a recepção passiva de informações, mas também um processo ativo de construção de significado. Vou chamar a percepção de sexto sentido.

Ela é influenciada por uma combinação de fatores internos e externos, incluindo experiências passadas, contexto, expectativas, motivações e necessidades. Quando fazemos a leitura do ambiente a partir do conhecimento da Palavra de Deus e de uma vida de intimidade com Ele, a nossa percepção muda, deixa de ser intuitiva para ser assertiva.

Algumas pessoas têm a tendência a perceber os fatos, o ambiente e as outras pessoas por meio da percepção que tem de si mesmas. Algumas são críticos algozes que gostam de criticar pejorativamente, porque o seu ponto de vista embrutecido e enrijecido nada mais é do que uma tentativa errada de autodefesa; julgam e criticam a partir de quem elas mesmas são. A boa notícia é que estamos em um processo evolutivo e todos podem mudar. Estamos em movimento. A questão é se essas pessoas querem sair da inércia. Tudo é uma questão de escolha, decisão e atitude.

A sua percepção é influenciada pela sua atmosfera interna, pelo seu universo interior e pela sua própria frequência. Pessoas amarguradas, ressentidas, ensimesmadas e não resolvidas têm a tendência de interpretar tudo o que acontece como negativo, sempre percebendo o lado ruim das coisas. Por outro lado, pessoas felizes e resolvidas desenvolvem uma percepção do aspecto positivo das situações. Independentemente da situação, extraem aprendizado. O desenvolvimento da percepção pelo viés positivo é de suma importância, porque muda a forma que você passa a enxergar as situações e as pessoas.

A percepção é algo tão poderoso, uma vez que influencia completamente nossos processos decisórios. Quantas pessoas fazem escolhas erradas porque "acham" alguma coisa...

Nas Sagradas Escrituras, em Mateus 6:22-23, Cristo nos ensina que:

"A candeia do corpo são os olhos; de sorte que, se os teus olhos forem bons, todo o teu corpo terá luz. Se, porém, os teus olhos forem maus, o teu corpo será tenebroso".

Quanta sabedoria nessas palavras. A forma que percebemos o mundo externo interfere diretamente em nosso universo interior. E o nosso interior define nossa percepção. A percepção nos leva a decisões...

Tudo isso nos leva a entender que temos que estar em movimento, buscando ser pessoas melhores. A autoconsciência e o autoconhecimento mais uma vez ganham ênfase, porque, para mudar a percepção, é necessário entender o motivo de você, muitas vezes, ser negativo, ter a tendência a enxergar o lado negativo da situação, ver tudo como "difícil" ou ser aquele tipo de pessoa que desiste fácil.

A partir da (autoconsciência) consciência disso, já iniciamos um processo de evolução. Diagnóstico feito, hora de mudança.

Considerando que tudo na vida é questão de hábito...

Considerando que um hábito é um comportamento ou uma ação realizada de maneira regular e automática, geralmente sem precisar de muita reflexão ou esforço consciente...

Considerando que os hábitos se formam por meio da repetição consistente de uma ação em resposta a um estímulo específico, até que essa ação se torne uma resposta quase automática...

Considerando que um hábito pode ser adquirido...

Considerando que um hábito errado pode ser substituído por um hábito correto...

Considerando que para que um hábito assim se torne, é necessário treinamento contínuo...

Você pode neste momento mudar a sua percepção! Passar a enxergar solução no lugar de problemas. Procurar ver o lado positivo das pessoas. De uma maneira inteligente, fazer uso do poder da percepção para que ela seja o seu sexto sentido e que, a partir dela, seu universo interior, suas escolhas, suas decisões e suas atitudes possam contribuir para que a cada dia você se torne uma pessoa melhor e se aproxime aceleradamente do seu destino e propósito de vida.

A meta é: "hoje, eu serei uma pessoa melhor que ontem, e amanhã eu serei uma pessoa melhor que hoje". É entre você e você; a disputa é com você mesmo; e eu tenho certeza de que, se você conseguir perseguir de uma maneira perseverante isso, irá evoluir aceleradamente e terá sucesso em tudo que fizer. Isso se aplica a tudo na vida. Que essa frase possa entrar na sua cabeça e que você possa dormir e acordar com ela, tranformando-a em um hábito de vida.

Em 2 Coríntios 4:18, Paulo escreveu:

> *"Assim, todos nós, que com a face descoberta contemplamos*
> *a glória do Senhor, estamos sendo transformados segundo*
> *a imagem com glória cada vez maior, a qual vem do Senhor,*
> *que é o Espírito".*

É isto que Deus tem para cada um de nós: sermos melhores a cada dia, vivermos de glória em glória. Para tal, precisamos dessa "transformação", e essa "transformação" somente acontece em sua vida se você quiser e se você decidir fazer esse alinhamento interior.

Você pode interpretar dados como quiser; porém, da forma que escolher interpretá-los, ela terá inferência em sua vida. Você pode interpretar o seu passado e escolher ser vítima ou extrair um aprendizado. Você pode perdoar ou não perdoar. Temos o livre arbítrio para nossas interpretações. Contudo, ressalto que elas forjam o seu eu interior e influenciam diretamente em seu processo perceptivo.

Talvez até aqui você tenha interpretado sua vida com um sentimento de que foi injustiçado ou vítima de alguma coisa. Esse viés confirma que você está sendo um produto do meio, o que você realmente não é. Você não é uma tábua rasa. Você é alguém tão importante que foi planejado antes da fundação do mundo. Você foi criado à imagem e semelhança do Criador. É alguém tão especial que Cristo morreu na cruz por você e ressuscitou para que você fosse redimido.

É preciso entender e internalizar isso, fazendo com que cada fração de segundo da sua vida venha a valer a pena e você seja uma pessoa melhor que o dia anterior.

Você tem que e-v-o-l-u-i-r dia após dia.

Embora frequentemente atribuída a Charles Darwin, a frase que destaca a importância da adaptação é, na verdade, de autoria de Leon C. Megginson, professor da Louisiana State University. Em um discurso proferido em 1963, Megginson afirmou: "Não é o mais forte que sobrevive, nem o mais inteligente, mas o que melhor se adapta às mudanças". Essa reflexão, inspirada na teoria da evolução de Darwin, ressalta a capacidade humana de adaptação como uma qualidade essencial para a sobrevivência e o progresso.

O processo evolutivo consiste em sua capacidade de mudar, mudar para melhor. Evoluir. O mundo está em movimento. O universo está em movimento. As galáxias estão em movimento. O universo está em constante expansão. Essa expansão foi observada por Edwin Hubble, que descobriu que as galáxias estão se afastando umas das outras. Nós temos um universo dentro de nós que clama por mudança, evolução, expansão. As galáxias não estão apenas se afastando devido à expansão do universo; elas também têm movimentos próprios dentro dos aglomerados. Você tem que ativar os seus próprios movimentos para que possa evoluir, e não involuir.

Nosso Sistema Solar está se movendo em torno do centro da Via Láctea a uma velocidade de cerca de 828.000 km/h ou 230 km/s. A Terra está em constante movimento, girando em seu eixo a, aproximadamente, 1670 km/h e orbitando o Sol a cerca de 107.000 km/h (30 km/s).

Tudo está em movimento. Qual será a sua escolha? Adotar um movimento pautado em escolhas, decisões e atitudes e tornar-se uma pessoa melhor? Ou involuir?

Se você enxerga apenas o lado negativo das situações e das pessoas, é pessimista, crítico algoz, desiste fácil dos seus projetos, pensa que todos estão contra você, pode ser que não tenha resolvido algumas questões do seu passado. Não se trata de negar que tenha sofrido, mas mudar a sua percepção do acontecimento, ressignificando.

É preciso ter coragem para ressignificar, e essa coragem é exatamente o movimento que você necessita. Olhe o que está escrito nas Sagradas Escrituras, no Livro Lamentações de Jeremias 3:21:

"Quero trazer a memória o que me pode dar esperança".

Coloque ênfase em fatos que renovem a sua esperança. Sim, é preciso reeditar capítulos e, por vezes, reescrever a história. Não estou dizendo que você não sofreu ou que não foi ferido. No processo chamado vida, todos somos feridos. A questão é o que fazemos com as nossas feridas. O lugar mais seguro do mundo para reeditarmos nossa história, ressignificando fatos, é indubitavelmente na presença de Deus e nas Sagradas Escrituras. Cristo nos ensinou a perdoar. Cristo nos ensinou a amar. O perdão é uma arma tão eficaz que carrega em si a essência da cura.

Podemos modelar Daniel, estudar o seu comportamento, a forma de sua percepção e de seu comportamento. Quantos reis se passaram... Daniel permaneceu.

Se analisarmos a história de José do Egito, percebemos que ele tinha tudo para ser uma pessoa magoada e ressentida. Analise bem: José foi vendido como escravo pelos seus irmãos porque o invejavam. Ele era o penúltimo dos doze filhos de Jacó e o primeiro filho de Raquel, a esposa preferida de Jacó. Sua posição na família trouxe a ele um favoritismo especial de seu pai. Jacó favorecia José e esse favoritismo provocou ciúmes e ressentimentos profundos entre seus irmãos. Em vez de interromper esses sentimentos ruins de inveja, foram alimentando isso dia após dia... Em Salmos 42:7, temos que:

"Um abismo chama outro abismo".

A inveja envolve uma comparação desfavorável de si mesmo com outra pessoa, resultando em sentimentos de inferioridade, ressentimento e insatisfação.

Se você sente inveja de alguém, interrompa isso agora. Não deixe se alastrar. Esse abismo irá chamar outro em sua vida e assim sucessivamente. Celebre as conquistas das pessoas, até mesmo daquelas que você não gosta... Isso vai te ajudar a ser curado da inveja. O maior indicador da inveja é a baixa autoestima.

Entender as suas próprias emoções e reconhecer os gatilhos da inveja pode ser o primeiro passo para lidar com esse sentimento de maneira saudável. Você pode lidar com a inveja e ser curado. Gere o movimento em sua vida. Trabalhe a sua percepção interna. Procure se autoconhecer e se aceitar, veja que pessoa maravilhosa você é, talvez somente você não percebeu isso... Foque nas coisas pelas quais você é grato. Aliás, faça da gratidão um hábito em sua vida. Concentre-se em suas metas e realizações pessoais, em vez de comparar-se constantemente com os outros. E, acima de tudo, tenha consciência de quem você é: a imagem e semelhança da força mais poderosa do universo.

Adote o senso de urgência. "Hoje eu serei melhor que ontem e amanhã eu serei melhor que hoje em tudo".

Voltando à história de José, ele teve dois sonhos proféticos que indicavam que ele um dia seria superior aos seus irmãos e até mesmo a seus pais. No primeiro sonho, via os feixes de trigo de seus irmãos se curvando ao seu feixe. No segundo, via o Sol, a Lua e onze estrelas se curvando diante dele. Esses sonhos aumentaram ainda mais a inveja e o ódio de seus irmãos. Movidos pela inveja, conspiraram contra ele. Inicialmente, planejaram matá-lo, mas Rubem, o mais velho, persuadiu-os a jogá-lo em uma cisterna seca, com a intenção de resgatá-lo mais tarde. Enquanto Rubem estava ausente, os outros irmãos decidiram vender José a um grupo de ismaelitas que passavam por ali.

José foi vendido por vinte moedas de prata e levado ao Egito como escravo. De filho predileto para escravo... Ele tinha muitos motivos para desistir, se ressentir, embrutecer, odiar, se vitimizar; contudo, comprado por Potifar, um oficial do faraó e capitão da guarda, José demonstrou habilidades excepcionais e integridade, ganhando a confiança e colocando-se como administrador de toda a casa do comprador. A atmosfera de José contagiava as pessoas ao seu redor. O Criador do Universo era com ele... Potifar percebia isso e que tudo que fazia prosperava. Dessa forma, constituiu José como mordomo de sua casa. Potifar foi abençoado por Deus pela presença de José. Ele tinha a meta: "hoje melhor que ontem e amanhã melhor que hoje".

A esposa de Potifar tentou seduzir José, mas ele resistiu firmemente. Ofendida pela rejeição, ela falsamente o acusou de tentar violentá-la, resultando na prisão de José. De filho preferido a escravo, a mordomo de Potifar, a preso por uma calúnia... Quem nunca sofreu uma calúnia? A questão não é a calúnia sofrida, mas a ênfase que você dá a ela. Se você se autoconhecesse e soubesse quem é, uma calúnia não te deixaria amargo ou ressentido. Resolva. Supere. Isso é muito pouco para te definir. Perdoe... Gratuitamente, perdoe.

Na prisão, José se destacou, porque estava em constante evolução. Lá ele interpretou os sonhos de dois oficiais do faraó: o copeiro e o padeiro. Previu que o copeiro seria restaurado à sua posição, enquanto o padeiro seria executado. As interpretações se confirmaram, mas o copeiro inicialmente se esqueceu de José.

Dois anos depois, o faraó teve sonhos perturbadores que ninguém conseguia interpretar. O copeiro finalmente lembrou-se de José e mencionou suas habilidades ao faraó. José foi trazido da prisão e interpretou os sonhos, prevendo sete anos de abundância seguidos por sete anos de fome. Ele recomendou ao Faraó que armazenasse grãos durante os anos de abundância para se preparar para a fome. Impressionado pela sabedoria e pelo discernimento de José, o nomeou segundo no comando do Egito, encarregando-o de preparar o país para os anos de fome.

Durante tais anos, os irmãos de José foram ao Egito para comprar grãos. Eles não reconheceram José, mas ele os reconheceu. Testou-os para ver se haviam mudado, exigindo que trouxessem seu irmão mais novo, Benjamim. Após uma série de eventos para testar a honestidade e o arrependimento de seus irmãos, José finalmente revelou sua identidade. Ele os perdoou e os convidou a trazerem toda a família para viver no Egito, garantindo-lhes segurança e provisão.

Mesmo depois de ser vendido como escravo, José tinha a realeza dentro de si. Ele teve a opção de odiar os irmãos, porém não vivia de ressentimentos. Ele editava os capítulos de sua vida, seja qual fosse o contexto, reescrevendo uma história de sucesso e superação.

A história de José é uma poderosa narrativa de rejeição, sofrimento, perseverança e redenção. Por meio de todas as adversidades, José manteve sua fé em Deus, e suas experiências mostram como a força mais poderosa do universo pode transformar situações aparentemente desesperadoras em bênçãos.

O seu universo interior era protegido porque ele sabia que não era um escravo. José não se permitia escravizar-se pelas situações. Pelo contrário, cada situação que ocorreu na vida de José contribuiu para que ele chegasse a governador do Egito. Ele teve todas as chances de se vingar dos irmãos, contudo, agiu ao contrário, confortando-os por ver que eles estavam tomados de um arrependimento genuíno.

> *"Deus me enviou adiante de vós, para conservar vossa sucessão na terra e para vos preservar a vida por um grande livramento. Assim, não fostes vós eu me enviei para cá, e sim Deus que me pôs por pai de Faraó, e senhor de toda a sua casa, e como governador em toda a terra do Egito"*
> (Gênesis 45:7).

A percepção de José sobre os acontecimentos de sua vida e suas atitudes perante isso o levaram de escravo e prisioneiro a governador. Mesmo quando lançado na cisterna pelos seus irmãos, aquele jovem já era um rei. Mesmo vendido como escravo, José tinha o protocolo do Reino dos Céus dentro de si. Mesmo preso, era completamente livre para liderar e criar o futuro com suas escolhas, decisões e atitudes.

Hoje José não está mais aqui, mas o padrão se repete em várias pessoas. Quais serão as suas percepções em relação aos acontecimentos da sua vida?

A percepção presente imprime convergência em como você estará no futuro.

Cuide da sua percepção. Treine-a potencializando as oportunidades que a vida apresenta. Modele José.

DICAS DE OURO

Cuide de sua mente.
Cuide dos seus cinco sentidos.
Onde você tem colocado seu foco?
Desenvolva a sua percepção.
Faça expandir sua percepção.
Busque como ouro o lado positivo de todas as situações em sua vida. Caso seja necessário, reedite os capítulos da sua vida.
Leia a Bíblia diariamente pedindo que o Criador possa cuidar do seu universo interior.
Quando se deparar com uma situação que poderá gerar arrependimento no futuro próximo ou distante, simplesmente se recuse. Use seu poder de decisão.
Perdoe.
Escolha. Decida. Aja.
Perceba as situações a partir dos olhos de Deus.

*Não é o ambiente que vai fazê-lo feliz.
Você pode usar a inteligência espiritual
agora mesmo e escolher ser feliz.
A felicidade é um hábito.*

Fábia Braga

CAPÍTULO 12

Poder da diligência

No capítulo anterior, discutimos a importância da percepção — você percebe e age. Agora, aprofundaremos o tema da diligência, uma habilidade adquirida que, conforme descrita por Steven K. Scott em seu livro *The richest man who ever lived: King Solomon's secrets to success, wealth and happiness* (2006), consiste na combinação de persistência criativa e esforço inteligente. Ele explica que a diligência envolve planejamento estratégico e execução honesta, pontual, competente e eficaz, visando sempre a alcançar resultados no mais alto nível de excelência.

Nas Sagradas Escrituras, no livro de Provérbios, Salomão discorre sobre a importância de ser diligente para termos uma vida de propósitos bem-sucedida. Aqui estão alguns desses versículos:

- **Provérbios 10:4:** "O que trabalha com mão enganosa empobrece, mas a mão dos diligentes enriquece";
- **Provérbios 12:24:** "A mão dos diligentes dominará, mas os enganadores serão tributários";
- **Provérbios 12:27:** "O preguiçoso não assará a sua caça, mas o bem precioso do homem é ser diligente";

- **Provérbios 13:4:** "A alma do preguiçoso deseja e coisa nenhuma alcança, mas a alma dos diligentes engorda";
- **Provérbios 21:5:** "Os pensamentos do diligente tendem à abudância; mas os de todo apressado, tão somente à pobreza".

Esses versículos destacam a importância da diligência como uma virtude essencial para o sucesso. É fundamental compreender a diferença intrínseca entre alcançar conquistas e sentir-se verdadeiramente bem-sucedido. Enquanto conquistas representam metas tangíveis e realizáveis — marcos que atestam nosso progresso externo — o sentimento de sucesso está intrinsecamente ligado à dimensão interna, à percepção subjetiva de realização e propósito.

Como explica Simon Sinek em seu livro *Comece pelo porquê: como grandes líderes inspiram ação* (2009):

"Conquista é algo que se alcança ou obtém, como um objetivo.
O sucesso, por outro lado, é um sentimento, um estado de espírito".

A diligência, portanto, não apenas nos guia em direção aos nossos objetivos, mas também promove uma conexão profunda entre as realizações externas e o sentimento interno de plenitude e propósito. É essa integração que nos permite transcender as conquistas superficiais e viver o verdadeiro significado de sermos bem-sucedidos.

A relação entre diligência e sucesso é amplamente reconhecida tanto em textos antigos, como os Provérbios de Salomão, quanto na moderna teoria de desenvolvimento pessoal e gestão. A diligência, que se refere ao cuidado, ao esforço contínuo e à persistência no objetivo e no trabalho, é frequentemente vista como um dos pilares fundamentais para alcançar o sucesso em diversas áreas da vida.

Aspectos da relação entre diligência e sucesso

A diligência é uma virtude que transcende a simples execução de tarefas, representando um conjunto de práticas e atitudes que impulsionam indivíduos a alcançarem o verdadeiro sucesso. Ela não se restringe ao esforço físico ou mental; trata-se de um compromisso com a excelência, a consistência e o progresso sustentável. Cada aspecto da diligência contribui de forma singular para a construção de uma trajetória de realizações, conectando o empenho diário à conquista de objetivos de longo prazo. Ao examinarmos os pilares que sustentam essa relação, torna-se evidente que a diligência não apenas molda o sucesso, mas também define o caráter daqueles que se dedicam plenamente a seus propósito.

1. **Esforço contínuo:** a diligência implica um esforço constante e persistente. Pessoas diligentes não desistem facilmente diante de dificuldades; elas continuam trabalhando em direção aos seus objetivos, o que aumenta as chances de serem bem-sucedidas;
2. **Qualidade e excelência:** a diligência está associada à atenção aos detalhes e à busca pela excelência. Ao realizar tarefas com cuidado e precisão, as pessoas diligentes produzem trabalho de alta qualidade, o que é frequentemente recompensado no ambiente profissional e pessoal;
3. **Consistência:** o sucesso raramente é resultado de esforços esporádicos. A diligência promove a consistência, que é essencial para o progresso gradual e sustentável em qualquer empreendimento, seja pessoal ou empresarial;
4. **Reputação e confiança:** pessoas diligentes são frequentemente vistas como confiáveis e competentes. Isso pode levar ao sucesso por meio de oportunidades de carreira e reconhecimento;
5. **Aprendizado e crescimento:** a diligência no estudo e na prática leva ao aprimoramento contínuo das habilidades e ao aumento do conhecimento;
6. **Resiliência:** a diligência muitas vezes envolve superar obstáculos e perseverar em face de adversidades. Essa resiliência é crucial para alcançar objetivos de longo prazo e pode ser um fator determinante para o sucesso;
7. **Disciplina e autocontrole:** ser diligente também implica ter disciplina e autocontrole, evitando distrações e mantendo o foco nas tarefas importantes. Essa disciplina é essencial para realizar tarefas de maneira eficiente e eficaz;
8. **Planejamento e estratégia:** a diligência também envolve o planejamento cuidadoso e a implementação de estratégias eficazes. Pessoas diligentes pensam à frente, estabelecem metas claras e trabalham sistematicamente para alcançá-las.

A diligência, como virtude, cria as bases para o sucesso ao promover hábitos produtivos de trabalho, fomentar o desenvolvimento de habilidades e construir uma reputação de confiabilidade e competência. Embora o sucesso também possa depender de fatores externos e de oportunidades, a diligência maximiza a capacidade de uma pessoa de aproveitá-las e superar desafios ao longo do caminho.

Voltemos ao exemplo de Daniel. No segundo ano de reinado, Nabucodonosor teve um sonho que muito o perturbou. Ele estava indignado com as mentiras e enganações dos caldeus. Logo, para se certificar de que alguém iria interpretar o sonho, pediu aos sábios, magos, astrólogos e encantadores que lhe revelassem o sonho e sua interpretação. Vendo a impossibilidade de atender ao pedido do rei, os caldeus disseram a ele que não havia ninguém sobre a Terra capaz de realizar o seu desejo, pois era algo muito difícil e apenas os deuses poderiam fazê-lo. Nabucodonosor, então, indignado, condenou à morte os sábios da Babilônia. O cenário trágico estava preparado. Ante a morte iminente, Daniel (um dos sábios) encontrou a oportunidade.

Até mesmo em situações problemáticas, faz-se necessário desenvolver o hábito de encontrar oportunidades. O crescimento e o desenvolvimento pessoal não são um fim, são um meio. Quando você se torna "um caçador de oportunidades", treina o seu cérebro para isso e sua visão muda completamente. Você enxerga o lado positivo e a possibilidade de crescimento e desenvolvimento em tudo. Pessoas diligentes enxergam possibilidades. Salomão nos orienta que a mão diligente dominará. Você quer dominar ou ser dominado?

Frente a Daniel, estavam construídos dois cenários: um de morte iminente e outro de grande oportunidade. Pela sua percepção, notou o ambiente e agiu com diligência e prudência, e não com precipitação, pois sabia que qualquer atitude dessa natureza poderia ser o fim de sua vida e de seus companheiros. Assim, ele pediu tempo ao rei, o que significava um momento para obter direção de Deus.

Em nossa efêmera existência, muitas decisões não permitem demora no processo decisório. Exigem senso de urgência. Noutras, porém, faz-se necessário pensar, analisar, construir uma análise SWOT[2], mapear os cenários e, acima de tudo, pedir ajuda a Deus. Você não imagina como esta simples frase, dita com sinceridade vai abrir caminhos para sua vida: "Deus, me conduza em seus caminhos. Me guie em sua direção. Que as minhas decisões possam ser validadas por Ti".

Muitas vezes, quando estamos frente a situações problemáticas, preferimos pegar o telefone e ligar para um amigo, um parente e até mesmo um advogado; isso não é errado, mas negligenciamos nossa identidade ao deixar que o desespero tome conta do nosso coração, deixando a nossa visão turva. Com a visão turva, não podemos visualizar possíveis cenários e estratégias. Por

---

2   Do inglês, indica *strenghts, weaknesses, opportunities, threats* [forças, oportunidades, fraquezas, ameaças – FOFA]. Trata-se de uma ferramenta utiliza na gestão de negócios.

vezes, a última pessoa que permitimos a participação na situação é a força mais poderosa do universo, Aquele que nos criou e tem o controle de tudo na palma das Suas mãos.

Precisamos desenvolver o hábito de compartilhar a nossa vida com Deus. Em certos momentos, se respirarmos e colocarmos a situação diante de Deus, seremos orientados diretamente por Ele. Com certeza, Ele poderá usar algum parente, amigo ou qualquer pessoa, mas primeiro temos que recorrer a Deus, e não ao nosso desespero, que realmente não pode fazer nada por nós. Esse hábito nos leva à diligência.

Daniel fez isso e realmente deu certo.

É maravilhoso observarmos como encontramos todas as respostas para nossa vida nas Sagradas Escrituras. Veja bem em Provérbios 16:1:

*"Do homem são as preparações do coração,
mas do Senhor, a resposta da boca".*

Diante daquela situação, Daniel não se desesperou; com diligência, buscou a Deus.

Há muitos anos, pratico um exercício que gosto muito: quando estou diante de um problema, visualizo o problema como o planeta Terra. Penso em seu tamanho, tão imenso que não entendo a dimensão dele. Contudo, se vou me afastando da Terra em direção ao universo, rapidamente ele se torna um pixel de luz solitário, uma belíssima esfera azul... Posso verificar o contraste das cores dos oceanos e continentes... Quando volto para a superfície, já enxergo a situação com uma visão mais clara para a solução do problema.

Em qualquer situação, quando somos diligentes, temos o controle da situação e não somos controlados por ela. Veja bem o que Salomão nos disse, "a mão do diligente dominará". Primeiro, temos a percepção; em seguida, podemos tomar a decisão de agir com diligência – e foi exatamente isso que Daniel fez. É o que temos que fazer.

Podemos ser diligentes em qualquer área de nossa vida para alcançarmos nossos objetivos e termos resultados satisfatórios. Ela pode ser usada para a transformação nas mais diversas áreas: para levar casamentos fracassados a uniões felizes, subempregos a carreiras incríveis e um negócio falido a um próspero.

A diligência nos traz muitas vantagens, dentre elas, nos permite maior competitividade, seja nas empresas ou com o nosso próprio tempo, porque nos traz um benefício único de maior produtividade e assertividade, ao contrário de uma pessoa que não é diligente e age com apatia, desleixo e indiferença em relação às situações, procrastinando decisões, matando o tempo. Ser diligente nos leva a ter atenção aos 86.400 segundos de presente que recebemos todos os dias, maximizando e exponencializando o tempo.

As Sagradas Escrituras muito discorrem sobre a diligência, principalmente em Provérbios:

> *"Vês um homem diligente em seu trabalho?*
> *Ele será posto a serviço dos Reis"*
> *(Provérbios 22:29).*

O Livro de Provérbios tem 31 capítulos, e os meses têm 30 dias e 31 dias. Há muitos anos, todos os dias leio um capítulo de Provérbios – no primeiro dia do mês leio Provérbios 1, e assim sucessivamente, até o fim do mês; no mês seguinte, recomeço o estudo. Isso tem ampliado o leque do meu campo de visão e me desenvolvido. Recomendo a você que faça o mesmo. Isso vai contribuir e enriquecer o seu autodesenvolvimento.

A diligência nos leva a desenvolver o senso de urgência sem a precipitação. Mas como? Agindo com esforço contínuo, planejando, desenvolvendo estratégias diárias, constância, consistência, persistência, qualidade, precisão nos detalhes, disciplina, autocontrole, agilidade; tudo isso superando obstáculos e mudando o foco da nossa visão para oportunidades. Combina-se persistência criativa e esforço inteligente para a obtenção dos resultados desejados.

A humanidade quer o máximo possível em menos tempo. Essa é uma inclinação natural de todo ser humano: procurar o caminho de menor resistência. Quando escolhemos a via de maior resistência, estamos também escolhendo a da diligência e, portanto, nos tornamos diligentes em todos os nossos caminhos. Decida agora mesmo desenvolvê-la e alcance resultados incríveis em todas as áreas de sua vida.

Embora o caminho de menor resistência possa ser atraente em determinadas situações, a busca constante por essa rota pode limitar o crescimento, as oportunidades e o sucesso a longo prazo. Enfrentar desafios e aceitar dificuldades, por outro lado, podem levar a um desenvolvimento mais profundo, recompensas maiores e uma vida mais plena e satisfatória, uma vida bem-sucedida como falamos no início deste capítulo.

Escolher o caminho de menor resistência pode parecer a opção mais conveniente e confortável em muitos casos, mas apresenta vários problemas e desvantagens, especialmente no contexto de crescimento pessoal, desenvolvimento profissional e liderança.

Existem problemas associados à escolha do caminho mais fácil. A seguir, cito alguns deles para que você tenha diligência, sem ser sabotado por eles.

1. **Crescimento e aprendizado limitados:** o caminho de menor resistência geralmente envolve menos desafios e, portanto, menos oportunidades de aprendizado e crescimento. Enfrentar desafios difíceis pode levar a um desenvolvimento mais significativo de habilidades e conhecimentos;
2. **Estagnação:** ao evitar dificuldades, pode-se ficar preso em uma zona de conforto, o que leva à estagnação pessoal e profissional. A falta de novos desafios pode resultar em perda de motivação e ambição;
3. **Oportunidades perdidas:** muitas vezes, as maiores oportunidades estão associadas a desafios maiores. Ao escolher o caminho mais fácil, pode-se perder a chance de alcançar objetivos mais elevados ou aproveitar oportunidades que exijam mais esforço e risco;
4. **Recompensas menores:** o caminho de menor resistência tende a oferecer recompensas menores. Grandes conquistas geralmente requerem a superação de obstáculos significativos. Escolher sempre o caminho fácil pode significar abrir mão de realizações maiores e mais gratificantes;
5. **Falta de resiliência:** evitar desafios pode enfraquecer a capacidade de lidar com adversidades. A resiliência é desenvolvida ao se enfrentar e superar dificuldades – sem essa prática, a capacidade de resistir a situações difíceis pode ficar comprometida;
6. **Impacto negativo na inovação:** inovações e avanços muitas vezes surgem de abordagens não convencionais e da disposição de enfrentar desafios complexos. Seguir o caminho de menor resistência pode limitar a criatividade e a capacidade de inovar;
7. **Conformismo:** optar sempre pelo caminho mais fácil pode levar ao conformismo, por meio do qual se aceita o *status quo* em vez de buscar melhorias ou mudanças que, embora difíceis, podem resultar em benefícios significativos;
8. **Sustentabilidade de longo prazo:** algumas soluções fáceis podem oferecer alívio imediato, mas não resolvem problemas de forma sustentável. Isso pode resultar em dificuldades maiores no futuro, quando os problemas não resolvidos se acumulam.

A diligência, sempre que colocada em prática, gera resultados incríveis. Podemos entendê-la, então, como uma habilidade e, assim sendo, pode ser adquirida. Quando você desenvolve a sua inteligência espiritual, adquire também o hábito de ser diligente.

A diligência e a inteligência espiritual estão profundamente interligadas, especialmente no contexto de desenvolvimento pessoal e espiritual. Ela se refere ao esforço contínuo, ao cuidado e à persistência em realizar tarefas e alcançar objetivos, enquanto a inteligência espiritual é a capacidade de viver e agir de acordo com princípios e valores que transcendem o material e se alinham com um propósito mais elevado. Ser diligente permite que uma pessoa aplique consistentemente os princípios da inteligência espiritual em seu cotidiano, levando ao sucesso e a sentir-se bem-sucedido.

Somos seres espirituais vivendo uma experiência terrena; somos eternos. O caminho espiritual muitas vezes requer esforço contínuo e dedicação, características centrais da diligência. A inteligência espiritual reconhece que o crescimento espiritual não é um processo instantâneo, mas um esforço contínuo, no qual a diligência desempenha um papel crucial.

A inteligência espiritual é frequentemente cultivada com práticas espirituais regulares, como meditação, estudo de textos sagrados e reflexão. Ser diligente garante que essas práticas sejam mantidas consistentemente, permitindo um desenvolvimento espiritual mais profundo. Seguir valores e propósitos espirituais fortalece a inteligência espiritual. Quando uma pessoa age diligentemente para alinhar suas ações com seus valores espirituais, ela desenvolve uma maior consciência espiritual e um sentido mais claro de propósito.

A diligência ajuda ainda a desenvolver resiliência espiritual, permitindo que uma pessoa permaneça firme em sua fé e princípios, mesmo diante de desafios e adversidades. Isso fortalece a inteligência espiritual, permitindo uma resposta mais consciente e alinhada com valores elevados.

A inteligência espiritual, muitas vezes envolve o serviço aos outros e a contribuição para o bem maior. A diligência em servir com compaixão e sem buscar reconhecimento pessoal reflete um alto nível de inteligência espiritual.

A diligência em busca pela verdade e sabedoria, seja por meio de estudo, meditação ou prática espiritual, é uma expressão de inteligência. E essa busca persistente e disciplinada aprofunda a compreensão e a conexão com o que é eterno.

Entende-se que a inteligência espiritual envolve a capacidade de controlar desejos e impulsos para viver de acordo com valores superiores, e ser diligente fortalece a autodisciplina necessária para manter o autocontrole e viver de maneira íntegra e consciente.

Portanto, ambos os conceitos são complementares, pois permitem que uma pessoa viva de acordo com seus princípios e valores espirituais de forma consistente, enfrente desafios com resiliência e continue crescendo espiritualmente ao longo do tempo. Dessa forma, a diligência não apenas apoia o crescimento espiritual, mas também o aprofunda, ajudando a pessoa a alcançar uma maior harmonia entre suas ações e seus propósitos mais elevados.

Em qualquer situação, a precipitação somente atrapalha. O agir precipitado gera ansiedade e medo, turvando completamente a visão. Com a visão turva, não é possível criar e prospectar cenários. Agir com diligência nos traz clareza para nossas decisões.

Voltando a discorrer sobre Daniel, após ter a ousadia de pedir tempo ao rei, ele buscou em Deus a resposta, compartilhou com seus companheiros a situação e pediu a eles que orassem para que dos céus lhe fosse revelado o segredo. A atitude de Daniel não era apenas para benefício próprio, mas também dos seus companheiros. Quando agimos em busca de um propósito que traga benefício coletivo, a tendência é a sua realização mais rápida. A ação de Daniel objetivava livrar a si mesmo da morte, mas também a seus companheiros e aos sábios.

Para você, o que é ser diligente? Você tem agido com diligência? Você se lembra de alguma situação em que exerceu diligência? Quais foram os resultados? Houve algum momento em que você poderia ter agido com diligência, porém, pelas circunstâncias ou por desconhecimento, portou-se com precipitação? Quais foram as consequências? Os seus objetivos trazem benefícios somente para você? Que proveitos seus propósitos têm para as pessoas que convivem com você?

A prática da diligência tem que ser constante. Se não a praticarmos, virá a flacidez mental que, por consequência, nos levará à deterioração da nossa melhor performance. Todas as vezes que agimos com serenidade, conforme os valores definidos em nossa vida, nos sentimos melhores em relação a nós mesmos e a tudo o que nos cerca. Não deve ser apenas um discurso em nossa vida, mas uma prática, um exercício real a ser levado e feito dia após dia; e isso pode começar agora, neste instante.

Com senso de percepção, diligência, tranquilidade em meio ao perigo, atitudes assertivas e decisão de não optar pelo caminho de menor resistência, Daniel escolheu a via mais difícil, conforme relata seu livro:

> *"Então, o rei engrandeceu a Daniel, e lhe deu muitos e grandes presentes, e o pôs por governador de toda a província de Babilônia, como também por principal governador de todos os sábios de Babilônia. E pediu Daniel ao rei, e constituiu ele sobre os negócios da província de Babilônia a Sadraque, Mesaque e Abede-Nego, mas Daniel estava às portas do rei"*
> (Daniel 2:48-49).

Essa é a consequência de um estilo de vida com inteligência espiritual e diligência. É exatamente isso que Deus faz com quem é diligente, com quem tem compromisso com Ele. Ambas estão completamente conectadas.

O jovem Daniel chegou à Babilônia como escravo. Quantos reis passaram pela Babilônia? Daniel prevaleceu, tornou-se governador. As Sagradas Escrituras nos garantem em Provérbios 12:24 que a *mão dos diligentes dominará*. O que aconteceu com Daniel? Chegou como cativo e passou a dominar.

Você quer dominar? Seja diligente em todas as suas atitudes.

Inicie agora mesmo. Não deixe para depois. Não duvide. Acredite com todas as suas forças. Faça um compromisso com você de desenvolver a percepção de vida, ter uma visão ampla... Afaste-se da Terra em direção ao universo... Veja que ela é apenas um pixel de luz solitário neste universo circundante... Volte para ela e desafie o seu *status quo* a cada dia. Seja diligente.

Com seus sentidos, com inteligência espiritual, seja seletivo em tudo que interfere em suas ações. Não adote atitudes que o afastam dos seus ideais ou de uma vida de propósito. Antes de tomar qualquer atitude, lembre-se: você – e somente você – tem o poder de escolha. Daniel fez as escolhas corretas e isso o levou de escravo a governador. Ele não transigiu com o pecado, foi completamente fiel aos seus valores. Pense nisso. Use a inteligência espiritual a seu favor.

Segundo Jean-Jacques Rousseau em sua obra *O discurso sobre a origem e os fundamentos da desigualdade entre os homens* (1755), "a natureza fez o homem feliz e bom, mas a sociedade depravou-o e tornou-o miserável". No entanto, essa premissa não se aplica às pessoas com valores firmemente definidos. O ambiente, por mais adverso que fosse, não corrompeu Daniel. Pelo contrário, naquele contexto desafiador, ele teve a oportunidade de polir sua armadura, fortalecendo sua lealdade inabalável aos seus princípios. A fidelidade aos seus valores o conduziu à prosperidade. Em um cenário hostil, Daniel fez a escolha consciente de se tornar uma versão melhor de si mesmo. Em meio ao caos, ele não apenas sobreviveu, mas encontrou as oportunidades que o levaram a um crescimento excepcional.

DICAS DE OURO

Relacione as áreas de sua vida que necessitam que você aja com diligência. Adote uma visão ampla de tudo.

Encontre oportunidades em todas as situações; isso é um hábito e somente você poderá desenvolvê-lo.

Veja bem: não seja uma pessoa termômetro, que sai medindo a temperatura em todo lugar que chega. Seja uma pessoa termostato: defina a temperatura aonde você chegar. Domine seu espaço.

Em tudo o que fizer, aja com diligência. Treine para isso. Tudo é treinamento. Adquira essa habilidade e seja bem-sucedido e sinta-se realizado.

Faça com que sua marca registrada seja a excelência. Pare de enxergar problemas, vislumbre oportunidades.

*A forma como você vivencia o seu presente,
o aproxima ou o afasta do seu futuro desejado.
O tempo presente, além de ser realmente um presente,
é um passaporte para o futuro pretendido.*

Fábia Braga

CAPÍTULO 13

Potencializando cada instante

O poema *To make much of time* foi escrito por Robert Herrick e faz parte de sua coleção de poemas intitulada *Hesperides*, publicada em 1648. Este poema é conhecido pelo seu primeiro verso *"Gather ye rosebuds while ye may"*, trata da efemeridade da vida e da importância de aproveitar o momento presente. Herrick, um poeta inglês do século XVII, utiliza a metáfora das rosas para ilustrar o rápido fluxo do tempo e a inevitabilidade do envelhecimento.

> *"Colham botões de rosas enquanto podem,*
> *O tempo continua voando,*
> *A estas horas, flores que hoje riem*
> *Amanhã estarão expirando".*

Essa belíssima ideia também é encontrada em *Odes*, do poeta romano Horácio, em que se lê *"carpe diem, quam minimum credula postero"* ["aproveita o dia, confia o mínimo no amanhã"], e lembrada para que se evite gastar tempo com coisas inúteis. A beleza da vida está no simples e, muitas vezes, passamos sem percebê-lo.

A expressão "*carpe diem*" tornou-se reflexo até mesmo de um modo de vida: "aproveite o dia", "colha o momento", "viva o momento", "viva o agora", "desfrute o agora".

O poema de Robert Herrick destaca a natureza fugaz da vida e a impermanência do tempo, um conceito que está profundamente enraizado nas coisas eternas. A inteligência espiritual envolve a consciência de que tudo é transitório e, portanto, devemos valorizar cada momento, aproveitando ao máximo o "tempo presente", pois nele construímos o futuro.

Herrick exorta os leitores a "*colher os botões de rosa enquanto podem*", ou seja, a aproveitar o presente. Na inteligência espiritual, isso se relaciona à prática de viver no momento atual com plena atenção e intenção. Estar presente e consciente em cada momento: essa consciência nos ajuda a viver de maneira mais plena e a focar o que realmente está alinhado com nosso propósito de vida.

A inteligência espiritual nos encoraja a encontrar propósito e significado em nossas ações diárias. O poema de Herrick, ao lembrar-nos da brevidade da vida, sugere que devemos buscar e criar significado em nossas vidas antes que o tempo passe. Essa busca pelo significado é um aspecto central da inteligência espiritual.

Portanto, o poema, ao enfatizar a importância de aproveitar o tempo que temos, ressoa com os princípios da inteligência espiritual. Lembra-nos da necessidade de viver de maneira consciente, valorizando o presente, encontrando significado e propósito em nossas ações e mantendo a consciência da impermanência da vida. Assim, serve como um convite para cultivar uma vida de propósito, rica e plena.

Muitas pessoas vivem no anseio do futuro e esquecem de viver o agora e colher seus benefícios. Faça o agora ecoar pela eternidade. Potencialize cada instante de sua vida. Colha a flor quando florescer; não espere até não haver mais flores, só galhos a serem quebrados.

Sou fascinada pela ideia de que o futuro começa no presente. Assim como o poeta Robert Herrick nos lembra em *To make much of time*, "Colham botões de rosas enquanto podem, o tempo continua voando", isso nos ensina que cada momento presente é valioso e irrepetível. A maneira como você vive agora, aproveitando cada oportunidade e cada experiência, determina o quão próximo ou distante estará do futuro que deseja alcançar. O presente, além de ser realmente um presente, é, de fato, o passaporte para o futuro pretendido.

O tempo, como Herrick bem nos diz, não espera. Ele avança implacavelmente, e o que fazemos com ele é o que define o rumo da nossa vida. Cada ação tomada no presente, por mais simples que pareça, é um passo fundamental para a construção do nosso futuro. O futuro não é algo distante, que acontecerá de repente, mas sim uma consequência de como escolhemos viver o hoje. Ele se faz agora, em cada decisão, em cada atitude.

Colham botões de rosas enquanto podem – Livre da procrastinação

Para que possamos colher os botões de rosas, devemos estar atentos e nos livrarmos das distrações e procrastinações que não contribuem para o nosso crescimento. Temos a habilidade de fazer mudanças em nós mesmos. Podemos decidir ser uma pessoa melhor dia após dia. Podemos ser diligentes, o que aprendemos no capítulo anterior. Em nosso eu interior, podemos tomar a decisão de colher os botões de rosas ou não.

Muitas vezes, focamos os espinhos e procrastinamos, nos esquecendo que eles são apenas uma ferramenta de proteção. A procrastinação é um dos piores sabotadores para que não vivamos intencionalmente. É o ato de adiar tarefas ou decisões, muitas vezes optando por atividades menos importantes ou mais agradáveis, em vez de enfrentar o que precisa ser feito. Embora todos procrastinem ocasionalmente, quando se torna um hábito, essa ação pode ter várias consequências negativas.

Procrastinar frequentemente leva a uma diminuição na quantidade e na qualidade do trabalho realizado. Tarefas importantes são adiadas, conversas importantes são adiadas, momentos de qualidade são adiados, e o tempo é gasto em atividades menos ou nada produtivas. Quem procrastina é refém das distrações. Procrastinar é perder tempo, é matar o tempo, e este é a matéria-prima da vida. Quero te ensinar a romper de vez com esta sabotadora, a procrastinação. Viva o presente, livre-se da procrastinação e navegue em direção ao seu porto desejado.

Quanto mais se adia uma tarefa, uma conversa, o autodesenvolvimento, o início de um empreendimento, maiores são o estresse e a ansiedade associados a eles. A pressão de ter que completar algo no último minuto pode causar um ciclo de estresse, resultando em insônia, preocupação constante e diminuição do bem-estar mental. Sabendo disso, você precisa planejar a realização do que realmente é importante para você e que o leva ao futuro desejado.

Planeje, coloque datas e persiga com obsessão o cumprimento de cada meta. Se você analisar bem, todas as vezes que procrastina, você recebe como prêmio o sentimento da frustração. Você não precisa desse sentimento mesquinho em sua vida. Use a diligência, antecipe tudo, seja ágil. Não adie; ao contrário, sem precipitação, antecipe.

Quando você deixa para fazer o que é importante – como tarefas, reuniões, alinhamentos, conversas, autodesenvolvimento – para o último minuto, há menos tempo para planejar, revisar e aperfeiçoar o trabalho. Isso pode levar a um desempenho abaixo do esperado, o que pode impactar negativamente resultados acadêmicos, profissionais e pessoais.

A procrastinação crônica pode ser vista como falta de responsabilidade, comprometimento ou profissionalismo, afetando oportunidades futuras e a confiança dos outros. Como você quer ser visto? Então, escolha, decida e aja.

Procrastinar pode resultar na perda de oportunidades importantes, como promoções, novos projetos ou até mesmo experiências pessoais valiosas, simplesmente porque as decisões e ações necessárias não foram tomadas a tempo.

Quando constante, pode levar ao sentimento de culpa e inadequação, minando a autoestima e a autoconfiança. As pessoas podem começar a acreditar que você não é capaz de completar tarefas ou alcançar objetivos, criando um ciclo de autossabotagem. Este livro é sobre autodesenvolvimento; até aqui, você já aprendeu tantas coisas importantes sobre a autoestima e autoconfiança. Indubitavelmente, de imediato, tire da sua vida tudo que possa diminuir sua autoestima e autoconfiança. Cancele sua parceria com a procrastinação agora mesmo.

Outro ponto: procrastinar pode levar à tomada de decisões rápidas e mal pensadas, resultando em escolhas menos eficazes ou inadequadas para a situação. Então, vamos antecipar tudo agora mesmo. Faça uma lista se necessário for.

A procrastinação pode afetar também negativamente relações pessoais, em especial quando compromissos e responsabilidades compartilhadas são adiados. Isso pode causar frustrações, conflitos e ressentimentos. O que você reconhece como importante e adiou ou procrastinou até aqui? Faça o caminho inverso agora mesmo.

A procrastinação pode se tornar um ciclo vicioso, no qual o hábito de adiar tarefas leva a mais procrastinação no futuro, criando um padrão difícil de quebrar. Lembre-se: "um abismo chama outro abismo". Agora mesmo, interrompa qualquer processo de abismo e procrastinação em sua vida. Enfim, o seu momento de quebrar este ciclo vicioso chegou. Como? Colocando em prática tudo que você tem aprendido neste livro, que é sobre você.

Acredite, superar a procrastinação requer autoconhecimento, disciplina e, em alguns casos, mudanças no estilo de vida e nas estratégias de gerenciamento de tempo. Reconhecer a procrastinação e tomar medidas para enfrentá-la é essencial para alcançar o sucesso e o bem-estar em diversas áreas da vida. Agora é com você.

A partir da leitura desta obra, a sua meta de superação é diária. Cada dia deve ser potencializada ao máximo a ponto de ser exponencializada e superior ao dia pregresso. Você pode viver assim. Essa é minha proposta com o método inteligência espiritual.

Potencializando os instantes

Para potencializar os instantes, é necessário mudar o espectro da visão dos obstáculos, pois, quando vistos como tal, geram no inconsciente o medo da ação imediata, que, por sua vez, leva à armadilha da procrastinação. Se mudamos esse paradigma e enxergamos os desafios como etapas, eles despertam em nosso inconsciente a necessidade de ação voltada ao resultado. É necessário colher os botões de rosas mesmo sabendo que eles têm espinhos.

Não adie a etapa. Não procrastine. Metaforicamente falando, colher os botões de rosa é sair da zona de conforto, levantar a bandeira do inconformismo e ser intransigente com o *status quo*. Colher os botões de rosa pode ser iniciar uma dieta, um curso, uma nova carreira, começar ou encerrar um relacionamento, buscar melhoria profissional, abrir o próprio negócio, ter melhor conexão com a família, conquistar o diálogo contínuo com os filhos; enfim, colher os botões de rosa é criar o design do futuro desejado e ter as ferramentas para chegar lá. Colher os botões é viver a meta diária de que o hoje será muito melhor que o ontem.

O exercício é contínuo para a vida. Coragem para romper com a procrastinação e colher os seus botões de rosas é fundamental. Como já falamos, ela está dentro de você. Somente você poderá ativá-la. E então?

Amplie a borda do seu envelope

No universo da aviação, o termo "borda do envelope" refere-se aos limites operacionais de segurança de uma aeronave, representando as condições extremas sob as quais a aeronave pode operar com segurança. O "envelope de voo" é uma representação gráfica que define os limites seguros de operação de uma aeronave em termos de velocidade, altitude, carga, ângulo de ataque e outras variáveis. A "borda do envelope" é o limite do gráfico.

Esse envelope de vôo ou *Prototype Operational Limits* (POL) é constituído por uma borda superior e uma inferior. A superior marca a altitude e a velocidade que qualquer aeronave já alcançou até o teste mais recente, como se fosse um diário de bordo de expansão de capacidade. No envelope também são registradas a altitude e a velocidade máximas possíveis consideradas aceitas, sem ocorrência de acidentes.

O objetivo do piloto de testes é ampliar a borda desse envelope. O seu trabalho consiste em voar cada vez mais alto e em maior velocidade a fim de descobrir os limites de resistência que uma aeronave pode alcançar. A borda superior do envelope se torna a inferior para o próximo teste, de modo a potencializar em absoluto a capacidade da aeronave.

A partir deste instante, iniciando o exercício de colher rosas, mesmo sabendo que haverá espinhos, comece a ampliar a borda do seu "envelope existencial". Trata-se de um treinamento diário. Expanda sua capacidade e velocidade. Acredite que cada dia conta. Cada dia é um teste. Se o teste de um dia não fror razoável, faça a anotação na borda inferior do "envelope existencial" para que, no dia seguinte, você se potencialize de tal forma a maximizar suas ações e seus resultados. Supere-se a cada dia. Estabeleça uma meta de superação em sua vida. Seja intencional e exponencial a cada dia.

Lembra o que falamos nos capítulos anteriores sobre desafiar a si mesmo para que cada dia seja melhor? Não se renda ao conformismo. Fuja da zona de conforto. Desafie-se diariamente para que hoje seja melhor que ontem e amanhã, melhor que hoje. O que você precisa fazer para isso?

A excelência não é um fim, mas um meio para que se atinga o objetivo desejado ou desenvolva o seu potencial máximo. Amplie agora mesmo a borda do seu envelope existencial. Você não é uma aeronave. Os seus limites não são fixados pelo tempo e pelo espaço, mas, unicamente, pela sua capacidade de lutar por seus objetivos pelo seu desejo de se autodesenvolver, pelo seu poder de tomar decisões assertivas, pela sua capacidade de agora construir o seu futuro desejado.

Desenhe o seu mapa de voo e estabeleça padrões desafiadores. Aumente todos os dias suas expectativas. O fato de você ter um envelope existencial o fará vivenciar gradualmente a expansão de sua capacidade e dos seus limites. Acredite, isso vai fortalecer sua autoestima. Suas atitudes vão seguir seu pensamento. Você irá sentir-se bem-sucedido em tudo que fizer.

DICA DE OURO

Você tem o hábito de procrastinar? Se você tem deixado de colher rosas, mude sua postura. Rompa a barreira do medo. Se necessário, leia novamente os capítulos em que falamos das leis de Newton. Imprima uma força motriz em suas atitudes.

Recuse-se a enxergar frageis membranas. Ouse! Você precisa apenas de algumas mudanças. Todos nós precisamos, diariamente. É nosso exercício constante. Mudar é imprescindível.

Tenha coragem. Como já falamos neste livro, a coragem não é a ausência do medo, mas a resistência a ele. Desenvolva essa resistência. Seja mais selvagem que a selva, mais forte que o ferro. Isso está em seu DNA. Você é assim. Talvez você ainda não tenha descoberto o seu verdadeiro você. O momento é este.

Visualize suas rosas. Têm espinhos? Sim, todas têm. Contudo, lembre-se: são apenas uma fina membrana. Ouse colhê-las. Não fique pensando nas rosas que deixaram de ser colhidas; se já morreram, morreram! Porém, há flores para serem colhidas hoje mesmo. Basta olhar ao redor. Se não consegue visualizá-las no meio de tantos espinhos, procure com delicadeza; talvez os espinhos estejam fixados no olhar de quem as procura e isso também pode ser mudado. Remova agora mesmo os espinhos da sua mentalidade, da sua visão e do seu olhar.

Não existe idade para tornarmos nossa vida extraordinária e, de fato, dar sentido a ela aqui na Terra. O momento certo é aquele no qual temos essa percepção; e tenho certeza de que o seu momento começou quando você iniciou a leitura deste livro. Crie um senso de urgência sobre sua vida.

Faça um compromisso com você mesmo de ampliar diariamente a borda do seu envelope. Treine para isso. Discipline-se para isso. Autodesafie-se.

Estabeleça uma aliança com você para, a cada dia, ter a excelência como marca registrada em sua vida. Seja obcecado por aplicar a diligência e a excelência em tudo.

Persiga resultados ousados. Amplie a borda do seu envelope. Aumente suas expectativas em relação à vida.

Lembre-se de que a coragem não é a ausência do medo, mas a resistência a ele. Desenvolva essa resistência.

Não torne membranas em cortinas de ferro. Seja mais selvagem do que a selva e mais resistente do que o ferro. Seja sua essência. Esse é o seu verdadeiro você.

Acredite que atitudes positivas trarão resultados positivos a sua vida. O seu futuro está sendo construído exatamente agora. Reconheça o seu território no futuro por meio de suas atitudes no presente.

Fábia Braga

CAPÍTULO 14

Torne sua vida extraordinária

Tornar uma vida extraordinária envolve cultivar uma série de práticas, atitudes e perspectivas que vão além do comum, transformando o cotidiano em algo significativo e pleno. Para isso, é imprescindível o autoconhecimento. Conforme já falamos neste livro, desenvolva sua autoconsciência e adote uma vida de autoconhecimento; tudo isso irá te levar à autoconfiança. O treinamento é diário. Com a autoconfiança, você tecnicamente adquire autoestima. O autoconhecimento é a base da autoconfiança. Lembre-se disso sempre, irei repetir: o autoconhecimento é a base da autoconfiança. Recorde-se dos ensinamentos de Jesus Cristo relatados em João 8:32:

"E conhecereis a verdade, e a verdade vos libertará".

Faz-se necessário encontrar o seu propósito. Identifique o que é mais importante para você, o que lhe dá sentido e motivação, e aja. Quais são os seus valores? Ter um propósito claro ajuda a guiar suas escolhas e a focar o que realmente importa.

Alinhe suas ações. Não perca tempo com distrações. Adote o senso de urgência. Certifique-se de que suas ações diárias estão alinhadas com seu propósito. Isso cria uma sensação de realização e direção.

Comprometa-se com o aprendizado ao longo da vida. Leia, estude, participe de cursos e esteja sempre buscando novas habilidades e conhecimentos. Trabalhe no autoconhecimento que aprendeu aqui neste livro. Identifique áreas para crescimento pessoal e emocional. Invista em seu desenvolvimento, tanto pessoal quanto profissional. Antecipe o seu futuro. Amplie a borda do seu envelope existencial.

Construa e mantenha conexões autênticas. Relacionamentos significativos são uma fonte poderosa de alegria e apoio. Coloque-se no lugar dos outros, ofereça apoio e seja um bom ouvinte. Ajudar e se importar com os outros enriquece sua vida e a dos que estão ao seu redor.

Indubitavelmente, dedique-se ao que você ama e que faz seu coração vibrar. Seja no trabalho, em hobbies ou em projetos pessoais, a paixão é uma força motriz poderosa. Lembre-se do capítulo que falamos da força motriz: imprima ela diariamente em sua vida e em suas atitudes.

Enfrente a vida com uma atitude positiva e entusiástica. Encontre alegria nas pequenas coisas e encare desafios como oportunidades de crescimento. Enxergue oportunidades em tudo. Mude o espectro de sua visão.

Cultive o hábito de ser grato pelas coisas boas da sua vida, mesmo as pequenas. A gratidão muda sua perspectiva e o ajuda a valorizar o que você tem; dessa forma, você estará preparado para alcançar coisas muito maiores.

Trabalhe para deixar um impacto positivo no mundo, seja através de seus atos, ideias ou inspirações. Pense no legado que você quer deixar para as futuras gerações.

Abrace a resiliência e a adaptabilidade. Enfrente desafios com coragem ampliando a borda do seu "envelope existencial". Veja os desafios como oportunidades de crescimento, em vez de obstáculos intransponíveis. A resiliência ajuda a superar dificuldades e a seguir em frente. Seja adaptável, lembre-se do capítulo sobre o conceito da inteligência: a adaptabilidade é uma característica das pessoas inteligentes. Esteja aberto a mudanças e disposto a ajustar seus planos conforme necessário.

Esteja presente. Aproveite cada momento ao máximo, sem se preocupar excessivamente com o passado ou o futuro. A vida extraordinária acontece no agora e neste agora você vai construir o seu futuro desejado. Pratique a atenção plena. Desenvolva a habilidade de estar totalmente presente nas atividades e nas interações diárias, o que pode aumentar sua satisfação e sensação de realização.

Você é um ser eterno. Conecte-se com a força mais poderosa do universo. Isso vai trazer uma sensação de paz e propósito mais profundos. Desenvolva a sua inteligência espiritual. Defina objetivos desafiadores. Estabeleça metas que desafiem você a sair da sua zona de conforto e a buscar o extraordinário. Metas audaciosas podem inspirar ação e crescimento. Aja com determinação. Trabalhe persistentemente em direção às suas metas, celebrando pequenas vitórias ao longo do caminho e ajustando o curso conforme necessário.

Tornar a vida extraordinária é uma jornada contínua de crescimento, propósito e conexão. Ao adotar práticas que nutrem seu espírito, mente e corpo, e ao se engajar de forma significativa com o mundo ao seu redor, você pode criar uma vida que não apenas atenda às suas aspirações, mas que também inspire e impacte positivamente os outros.

Indo além, assim como você tem cinco sentidos que interferem diretamente em sua realidade interna e refletem sua realidade externa, posso afirmar que a inteligência espiritual é o seu sexto sentido: cuide dela, ela te deixará feliz. O que nos deixa mais felizes neste pálido planeta azul é realmente nos sentirmos bem com nós mesmos. A felicidade é um hábito e ele pode ser desenvolvido.

A paz interior é alcançada quando temos certeza da nossa capacidade de lidar com os desafios que encontramos nessa jornada. Por vezes, o estresse é necessário para o crescimento e as conquistas. O cerne não é o estresse, mas a nossa atitude diante de situações estressantes. As Sagradas Escrituras nos certificam, em Romanos 8:28, que:

> *"todas as coisas contribuem juntamente para o bem daqueles que amam a Deus".*

A partir do momento em que você altera a sua visão limitada de vítima e passa a acreditar que tudo está conspirando a seu favor, seus pensamentos, atitudes e palavras começam a se transformar. Seguindo uma lógica racional, isso naturalmente resulta em mudanças nos seus resultados. Continuar com as mesmas ações e esperar resultados diferentes é um erro comum; é necessário mudar a abordagem e a mentalidade para alcançar novos e melhores resultados. Esse processo de transformação é apoiado pela neuroplasticidade, que é a capacidade do cérebro de reorganizar suas conexões e se adaptar a novas formas de pensar e agir. A neuroplasticidade mostra que, ao mudar a maneira como pensamos e reagimos ao ambiente, podemos modelar nossa mente para alcançar novos comportamentos e resultados desejados.

Nossas armaduras são completamente polidas quando nos desenvolvemos. Nós nos sentimos muito bem ao alcançarmos nossos objetivos. Porém, ressalto que esse sentimento deve ser adotado como um estilo de vida, independentemente da situação. Em meio à aflição, Davi disse:

"Volta, minha alma, ao teu repouso, pois o Senhor te fez bem"
(Salmos 116:7).

É preciso apreender a confiar em Deus e ter autoconfiança para encontrarmos sossego em qualquer circunstância.

DICAS DE OURO

Se você perceber a necessidade de mudança, não seja tolo: ouse e mude.

Enfrente suas batalhas interiores. Seja maior que a arrogância. Você não precisa provar nada para ninguém. Como é livre uma pessoa que não precisa disso!

Encare suas realidades interiores hoje mesmo e não aceite em seu eu interior tudo aquilo que não contribui para que sua vida seja extraordinária.

Perdoe-se. Peça perdão. Perdoe quem for necessário perdoar. Livre-se da raiva. Livre-se da autoculpa. Seja livre. Seja leve.

Encontre a verdadeira natureza que Deus criou para você. Não aceite viver de outra forma. Desafie que a cada dia essa natureza será melhor. Extraordinária. Exponencial. A borda superior do envelope existencial.

Não aceite que sua biografia venha a te "de-formar". A sua biografia precisa te "trans-formar".

Em Romanos 12:2, há uma máxima para autoconfiança, autoconhecimento e autoestima: "E não vos conformeis com este mundo, mas transformai-vos pela renovação do vosso entendimento, para que experimenteis qual seja a boa, agradável e perfeita vontade de Deus".

Então, não aceite qualquer realidade interna que esteja deformando sua realidade externa. Inconforme-se... Transforme seu entendimento. O resultado será uma vida plena e abundante, uma vida extraordinária.

*Tudo o que você foca expande.
Se o seu foco estiver nos problemas,
eles entrarão em expansão;
porém, se estiver na solução,
você terá muito mais soluções do que precisa.
Você tem um DNA criativo.*

Fábia Braga

CAPÍTULO 15

Ressignifique sua história criando o seu futuro ideal

Nas Sagradas Escrituras, há a história de um homem que é citada uma única vez. Jabez é mencionado no meio de uma genealogia das tribos de Israel. No entanto, ao contrário da maioria dos outros nomes listados, que aparecem como parte da linhagem, Jabez recebe uma menção especial por sua oração a Deus.

O nome "Jabez" significa "dor" ou "sofrimento". Nas Sagradas Escrituras, diz-se que sua mãe lhe deu esse nome porque ela o deu à luz com dores (1 Crônicas 4:9). O nome de Jabez carregava uma conotação negativa, mas ele não permitiu que isso definisse sua vida. Jabez foi um ilustre.

> "E foi Jabez mais ilustre que seus irmãos; e sua mãe chamou o seu nome Jabez, dizendo: Porquanto com dores o dei à luz. Porque Jabez invocou o Deus de Israel, dizendo: Se me abençoares muitíssimo e meus termos amplificares, e a tua mão for comigo, e fizeres que do mal não seja eu afligido! E Deus lhe concedeu o que lhe tinha pedido"
> (1 Crônicas 4:9-10).

No contexto bíblico, quando se diz que Jabez era "mais ilustre", isso significa que era mais honrado, respeitado ou distinto em comparação com seus irmãos ou os outros ao seu redor. O termo "ilustre" indica uma pessoa de grande respeito, dignidade ou mérito, alguém de destaque por suas qualidades ou realizações. Dizer isso de Jabez sublinha o fato de que ele era dotado de características, habilidades e qualidades que o faziam ser altamente estimado, tanto por Deus quanto pelas pessoas ao seu redor. Sua ilustração não apenas reflete sua posição social, mas principalmente seu caráter e relação com Deus e sua história de superação, sua atitude de romper com a inércia.

Jabez não aceitou o seu *status quo*. Decifrando sua vida, entendemos, em primeiro lugar, que ele tinha atitudes nobres. Era, de fato, inconformado e não aceitava ser um produto do meio. Esse comportamento chamou atenção de Deus. Ele havia decidido viver uma vida extraordinária com o protocolo do Reino. Ele sabia que suas escolhas e ações iriam definir quem ele realmente era. Deus é um Deus de atitudes. Ele espera proatividade em nossas vidas. A atitude alinhada à fé é o ponto de junção entre nossos projetos e nossas realizações.

Em apenas dois versículos, o autor narra brevemente a história de Jabez. Ele se destacou de tal modo que teve seu nome gravado nas Sagradas Escrituras e na história, pois foi uma pessoa acima da média; sem dúvida, um ponto fora da curva, um sujeito que se sobressaía entre a multidão. Você pode decidir neste momento ser alguém acima da média, ter atitudes nobres; depende de você. Veja bem: você é autorresponsável por tudo isso.

Jabez era da tribo de Judá. O seu nome significava "sofrimento" porque havia gerado muitas dores a sua mãe na hora do parto. Não sabemos ao certo em qual cenário que Jabez nasceu, mas as Escrituras deixam claro que ele tinha um histórico de rejeição. A nobreza não está ligada à situação atual em que você está inserido ou no seu histórico de vida. A nobreza é algo que faz parte do seu DNA, está dentro de você. Suas escolhas e atitudes irão acessá-las ou não. As Sagradas Escrituras expressam com muita clareza que:

"o nobre projeta coisas nobres e, pela nobreza, está em pé"
(Isaías 32:8).

Mas, afinal, quem foi Jabez? Ele foi uma pessoa comum, que poderia ser vítima do passado, viver de ressentimentos. Ao contrário disso, tornou sua vida extraordinária, sendo um ilustre e conquistando o respeito, admiração e confiança, principalmente como pessoa resolvida, feliz e realizada. Ele geriu o seu "eu" e tomou a decisão de ser nobre, realizado e feliz. Recusando a viver em função do passado e das suas dores, os olhos dele estavam no presente e no futuro, ativando-o a partir da suas escolhas, decisões e atitudes.

Jabez não teve a melhor das infâncias. O contexto da sua gestação foi tão difícil que sua mãe o marcou por toda a vida com um nome que indicava tragédia. Quando alguém pronunciava o nome "Jabez", proferia dores e dificuldades. Contudo, ele não se preocupava com o contexto de sua vida; acreditava que suas escolhas, decisões e atitudes nobres mudariam sua história. Jabez editava os capítulos de sua vida ressignificando cada situação. O que menos o preocupava era a opinião das pessoas a seu respeito, porque sabia que a opinião do Criador do Universo anulava todas as outras.

Seja qual for a situação, você está sendo desafiado a tornar-se nobre agora, lembrando que a nobreza exige persistência. E nas coisas nobres persistirá. O resultado é triunfo e sucesso. Como se tornar nobre? Com escolhas, decisões e atitudes que você realizará a partir de agora.

Como já citei, não podemos nos "con-formar" com as situações angustiantes que surgem como desafios em nossa jornada; devemos "trans-formá-las" pela renovação da nossa mente.

> "E não vos conformeis com este mundo, mas transformai-vos pela renovação do vosso entendimento, para que experimenteis qual seja a boa, agradável e perfeita vontade de Deus" (Romanos 12:2).

Você tem editado os capítulos de sua vida? Tem ressignificado os acontecimentos? Tem se preocupado com a opinião das pessoas a seu respeito? Jabez não se importava com o que as pessoas pensavam sobre ele. Seu foco estava em construir sua trajetória, deixar o seu legado, evitando qualquer distração que o desviasse do seu propósito.

Talvez ele não imaginasse que sua vida seria registrada nas Sagradas Escrituras e ecoasse pela eternidade como um modelo de superação, e assim a força mais poderosa do universo permitiu. Por quê? Porque existem milhares e milhares de Jabez na face da Terra que se sentem condenados por uma circunstância, um trauma ou um acontecimento do passado. A pequena e notável história de Jabez é um convite, um desafio, para que você faça hoje mesmo as suas escolhas, tome as suas decisões e adote as atitudes necessárias em sua vida.

Tendo nascido na tribo de Judá, com certeza Jabez cresceu ouvindo as histórias do Deus de Israel. Como judeu, sabia dos grandes feitos de Deus. No judaísmo, assim que uma criança nasce, ela aprende as palavras-chave da Torá (cinco primeiros livros das Sagradas Escrituras). Consequentemente, ele trazia em sua memória as promessas que Deus fez a Abraão e sabia que também era herdeiro delas. Independentemente do contexto, sua linhagem era nobre, ele tinha consciência de que havia sido criado à imagem e semelhança da força mais poderosa do universo. E você também sabe de tudo isso. Tudo está amplamente relatado nas Sagradas Escrituras. Jabez não foi favorecido por ter tido acesso a um maior conhecimento; pelo contrário, hoje, nós temos muito mais acesso às obras de Deus do que ele. O que pode diferenciar é literalmente a atitude, a constância e a persistência de querer buscar o melhor para nossas vidas.

Jabez compreendia profundamente o que Deus havia realizado para libertar o povo de Israel da escravidão no Egito, e essa convicção se manifestava constantemente em sua vida, como se ele celebrasse a Páscoa todos os dias. No contexto espiritual, a Páscoa vai além de um evento anual; é uma atitude contínua e uma mudança de mentalidade. A verdadeira Páscoa representa a libertação diária, que não se limita a um único momento, mas deve ser vivida de forma constante. A libertação é um processo constante; é necessário criar o hábito de purificar a mente todos os dias, eliminando as toxinas mentais que surgem, como dúvidas, ressentimentos e sentimentos de incapacidade. Essas negatividades precisam ser expurgadas para que a verdadeira transformação aconteça.

Como nos ensina o escritor de 1 Crônicas 4:10, Jabez não se fixou em sua situação atual, mas desviou o foco do problema e buscou ativamente a solução. Ele transformou seu passado, ressignificando suas experiências e, dessa forma, deu um novo significado à sua vida. Assim como Jabez, precisamos desenvolver o hábito diário de mudar nossa perspectiva, focando não as adversidades, mas quem realmente tem o controle de todas as situações e da nossa vida. Este é o verdadeiro sentido da Páscoa em nossas almas — uma constante renovação e libertação.

Tudo o que você foca expande. Se o seu foco estiver nos problemas, eles entrarão em expansão, porém, se estiver na solução, você terá muito mais soluções do que precisa; isso emerge naturalmente em você, Deus lhe deu esse DNA criativo. Se o seu foco estiver em remoer ressentimentos do passado, você não será livre e nem feliz em sua jornada. Foque completamente nos resultados que quer obter em sua vida. Avance em direção ao seu futuro e atraia-o, viva-o. Use o passado como um aprendizado. Ressignifique. Perdoe. Libere. Viva. Não leve fardos que não te pertencem.

Jabez, em sua percepção extraordinária, fez uso da fé, invocou o Deus de Israel. Ele entendeu que Deus poderia mudar o cenário de sua vida e tomou as devidas atitudes, moldando sua realidade interior. Ele "trans-formou" sua realidade interior, deu forma à natureza de sua realidade exterior.

Em vista dos desafios vivenciados, é necessário fé. Ela nos leva a crer que nossos objetivos podem ser realizados, nos impulsiona a atitudes ousadas. Ela é a força motriz que precisamos. Por meio da fé, somos fortalecidos e, mesmo quando a visão está turva diante das circunstâncias, nos faz enxergar além da realidade presente. A fé nos traz nitidez no olhar.

Conforme está escrito nas Sagradas Escrituras, em Hebreus 11:6:

"sem fé é impossível agradar-Lhe".

A fé nos impulsiona a usar o momento presente para alcançarmos o futuro com a realização de nossos projetos. A fé nos dirige no processo de ressiginificação.

Uma frase forte e poderosa é proferida por Cristo e relatada em Marcos 9:23:

"Tudo é possível ao que crê".

A fé gera atitude, a qual cria possibilidades; a fé voltada para a ação nos move em direção aos nossos objetivos; a fé nos leva a tomar atitudes de maneira confiante e assertiva. Em capítulos anteriores, falei sobre a primeira lei de Newton ou lei da inércia, que requer uma força motriz para gerar movimento. A fé é essa força motriz, e somente você pode acessá-la para trazer ações reflexas em sua vida.

Jabez, além de ter se tornado um Ilustre, teve sua oração registrada nas Sagradas Escrituras em 1 Crônicas 4:10:

*"Porque Jabez invocou o Deus de Israel, dizendo:
Se me abençoares muitíssimo e meus termos amplificares,
e a tua mão for comigo, e fizeres que do mal não seja eu afligido!
E Deus lhe concedeu o que lhe tinha pedido".*

Jabez fez uma oração a Deus que se destacou por sua simplicidade e profundidade. Ele pediu que Deus o abençoasse abundantemente; que Deus ampliasse seu território (que pode ser interpretado como uma metáfora para o aumento de influência, prosperidade ou responsabilidades); que a mão de Deus estivesse com ele para guiá-lo e protegê-lo; que Deus o livrasse do mal. A oração de Jabez não teria efeito se ele não tivesse feito as escolhas certas, adotado as decisões necessárias e tomado as atitudes corretas ao longo de sua vida.

Como já citei, em Hebreus 11:6 está escrito que:

"sem fé é impossível agradar-Lhe".

Agradar a fonte criadora de todas as coisas é imprescindível. O salmista Davi, que teve uma vida de propósito e realizações, escreveu em Salmos 37:4:

"Deleita-se também no Senhor, e ele te concederá o que deseja o teu coração".

Qual é o desejo do seu coração?
Busque agradar a Deus. Ele fará com que o universo conspire para materializar os anseios do seu coração. Ele dará a você *insights* certos e te moverá para a ação – e ação certa.
Como agradar a Deus?
Conhecendo-o; relacionando-se com Ele; lendo as Sagradas Escrituras; tendo fé n'Ele.
Veja o que Deus disse a Josué quando ele se tornou o sucessor de Moisés:

"Não se aparte da tua boca o livro desta Lei; antes, medita nele dia e noite, para que tenhas cuidado de fazer conforme tudo quanto nele está escrito; porque, então, farás prosperar o teu caminho e, então, prudentemente te conduzirás"
(Josué 1:8).

O relacionamento com Deus, exige treinamento constante, autodisciplina, confiança e ação. O resultado dessa belíssima equação é que você se sentirá fortalecido, autoconfiante, conhecedor de sua realidade interna e com uma autoestima inabalável, sabendo que sim, *"tudo é possível ao que crer"*.

DICAS DE OURO

Ressignifique os acontecimentos da sua vida. Abandone a prática de culpar os outros. Seja plenamente responsável por sua jornada.
Reescreva os capítulos da sua história com uma nova perspectiva.
Aja com nobreza.
Pense com nobreza.
Fale com nobreza.
Comporte-se com nobreza.
Seja profundamente gentil com todos ao seu redor.
Não permita que as opiniões alheias influenciem sua essência. Lembre-se: a opinião do Criador do universo sobre você é a única que realmente importa, e ela anula todas as outras.
Compartilhe com Deus tudo o que você gostaria de dizer a alguém capaz de resolver seus problemas. Converse com Ele. No início, pode parecer estranho, mas com o tempo, será tão natural que você não conseguirá mais viver sem essa conexão diária.
Adote a disciplina de ler as Sagradas Escrituras, como foi ensinado em Josué 1:8. Jabez seguiu esse caminho, e agora é o seu momento.
Invoque a presença d'Ele, converse com Ele, compartilhe os seus desejos mais profundos.
O tempo de transformação é agora.

Faça seu dia, sua vida, suas atitudes ecoarem pela eternidade. Projete que cada dia vivido será melhor que o anterior.
Lembre-se da borda do envelope existencial.

Fábia Braga

CAPÍTULO 16

Seja nobre, essa é sua essência

Segunda estratégia de Jabez: atitudes e pensamentos nobres

"Mas o nobre projeta coisas nobres e, pela nobreza, está de pé"
(Isaías 32:8).

Jabez, um homem de grande visão e determinação, projetou coisas nobres para sua vida, estabelecendo uma trajetória pautada pela nobreza de propósito e ação. Ele não se contentou com o mediano, mas sim com o extraordinário, acreditando que, ao alinhar seus pensamentos com seus princípios mais elevados, ele poderia transformar sua realidade.

Em uma reflexão profunda sobre a importância do pensamento na formação do destino, Henry Ford, o visionário empreendedor, disse: "Se você pensa que pode ou se pensa que não **pode**, de qualquer forma você está certo". Esse princípio, tão poderoso quanto simples, ilustra como a mente humana, ao determinar o que é possível ou impossível, tem a autoridade de moldar o caminho da vida. Assim como Jabez, quando direcionamos nossa mente e nossas ações para objetivos nobres, sem limitações internas, nos posicionamos para conquistar aquilo que antes parecia inatingível.

A comparação entre pessoas nobres e mesquinhas evidencia profundas diferenças em caráter, valores e comportamento. Elas se distinguem essencialmente na maneira como encaram a vida, fazem suas escolhas, se percebem, interagem com os outros e conduzem suas ações.

Enquanto as pessoas nobres elevam, inspiram e constroem um legado positivo, as pessoas mesquinhas tendem a se concentrar no negativo, espalhar discórdia e buscar validação em coisas superficiais. A escolha entre nobreza e mesquinhez define o impacto que uma pessoa terá sobre si mesmo, seu futuro, os outros e o legado que deixará no mundo.

Pessoas nobres deixam o ambiente leve e criativo, já as mesquinhas, tóxico e pesado. Pessoas nobres têm ideias elevadas e propósitos, tendem a falar sobre conceitos e questões que transcendem o cotidiano, e como podem contribuir para o bem maior... Elas buscam compartilhar conhecimento e inspirar os outros. Pessoas nobres falam sobre o que apreciam na vida, expressam gratidão pelas boas experiências e reconhecem as qualidades e realizações dos outros. Em vez de se concentrar em problemas, pessoas nobres procuram soluções, oportunidades de crescimento e maneiras de superar desafios.

Pessoas mesquinhas frequentemente discutem sobre os outros de maneira negativa, focando as falhas, os erros ou defeitos alheios. Elas tendem a fofocar e a julgar, muitas vezes com a intenção de diminuir as pessoas. Suas conversas giram em torno de conquistas materiais, status social, comparações superficiais ou reclamações por falta de oportunidades. Elas podem até tentar mostrar superioridade ao falar de suas posses ou realizações, buscando validação externa, contudo focam discussões triviais e negatividade, destacando o que está errado em vez do que pode ser feito para melhorar. Seus desentendimentos, geralmente, são baseados em comparações, inveja, ressentimento ou rancor, demonstrando insatisfação e amargura.

A presença de uma pessoa nobre tende a inspirar e motivar os outros. Elas criam um ecossistema positivo e encorajador, ajudando os indivíduos ao seu redor a crescerem e a prosperarem. Pessoas nobres buscam construir e manter relacionamentos harmoniosos e justos, criam o ambiente para novas ideias. Já as mesquinhas são cheias de negatividade e manipulação, fragmentando relacionamentos e criando um ambiente tóxico. Elas podem drenar a energia de outras pessoas, desmotivando-as e gerando um ambiente em que a negatividade e o ressentimento prevaleçam. Podemos identificar um sujeito mesquinho pela sua própria frequência.

E então, qual tipo de pessoa você será a partir de agora: nobre ou mesquinha? Somente você pode decidir isso.

A nobreza vai muito além dos projetos: está no campo da realização

Seja qual for sua área de atuação, decida ser nobre. Em um ambiente de trabalho focado em produção, as diferenças entre pessoas nobres e mesquinhas podem impactar profundamente a dinâmica da equipe, a moral dos funcionários e, consequentemente, a eficiência e a qualidade dos rendimentos. Pessoas nobres contribuem significativamente para a eficiência, virtude e harmonia, ajudando a criar um espaço onde todos podem prosperar. Em contraste, pessoas mesquinhas tendem a gerar conflitos, diminuir o trabalho e prejudicar o ambiente. A diferença entre os dois tipos de comportamentos pode influenciar diretamente a sustentabilidade dos resultados a longo prazo. Pessoas nobres entregam muito mais, pessoas mesquinhas fazem meramente o que são remuneradas para fazer.

Pessoas nobres são proativas e sempre buscam maneiras de melhorar os processos e aumentar a eficiência. Elas não esperam ser solicitadas para agir e estão sempre dispostas a contribuir além do que é esperado. Sempre se antecipam, realizando muito mais do que são pagas para realizar. Elas se preocupam com a qualidade do trabalho produzido e se esforçam para garantir que o resultado atenda aos mais altos padrões. Elas "se entregam" em suas "entregas", dando sempre o melhor de si. A ética e o orgulho pelo trabalho bem feito é uma obsessão. Tais indivíduos colaboram abertamente, compartilham conhecimento e ajudam colegas a superar desafios, promovendo um ambiente harmonioso e produtivo.

Por outro lado, as pessoas mesquinhas tendem a evitar novas responsabilidades e mudanças, preferindo fazer o mínimo necessário para manter seu *status quo*. Elas raramente tomam a iniciativa e podem resistir a novas ideias ou melhorias nos processos. Geralmente, acham que recebem pouco pelo que fazem e não expressam qualquer gratidão no ambiente. Elas podem se concentrar em cumprir metas numéricas ou prazos sem considerar a qualidade do trabalho. Em vez de colaborar, pessoas mesquinhas podem ver os colegas como concorrentes. Elas podem ser relutantes em compartilhar informações ou ajudar os outros, acreditando que isso lhes dará uma vantagem pessoal.

Nos relacionamentos, as pessoas nobres demonstram respeito por todos os colegas, independentemente de suas posições. Entendem e valorizam as contribuições de cada membro da equipe e estão dispostas a ouvir e considerar diferentes pontos de vista. Mesmo que não ocupem cargos de liderança formal, pessoas nobres inspiram e motivam outros com seu comportamento e caráter. Elas lideram pelo exemplo e ajudam a elevar o moral da equipe. Em situações de desacordo, abordam os conflitos de maneira construtiva, buscando soluções que beneficiem a todos e mantenham a coesão da equipe.

As mesquinhas não são assim. Tratam alguns colegas com desdém, em particular aqueles em posições que consideram inferiores. Elas podem ser indiferentes ou insensíveis às dificuldades dos outros, focando exclusivamente seus próprios interesses. Em vez de contribuir positivamente, pessoas mesquinhas podem criticar os colegas pelas costas, espalhar rumores ou subestimar os esforços dos outros. Isso gera um ambiente de desconfiança e tensão. Em vez de resolver conflitos, instigam e prolongam desacordos, usando atritos a seu favor ou simplesmente tentam sabotar a harmonia do ambiente.

Após ler essas comparações, espero que você possa adotar uma obsessão pela nobreza em sua vida diária! Somente você pode adotar esse estilo de vida exponencial. Com tudo que está apreendendo sobre a inteligência espiritual, você tem possibilidade de virar chaves em sua vida agora, neste exato momento; é uma questão de escolha, decisão e atitude. É uma questão sobre você!

DICAS DE OURO

Ajuste sua rota. Ajuste o seu foco.
Desintoxique-se agora mesmo.
Escolha ser nobre.
Decida ser nobre.
Tome atitudes de pessoas nobres.
Seja termostato, e não termômetro.
Em vez de competir, gere um ecossistema de oportunidades. Ativamente contribua para um ambiente positivo e harmonioso. Incentive o reconhecimento mútuo, celebre sucessos coletivos. Mantenha uma atitude positiva mesmo diante de desafios.
Seja generoso com seu tempo, conhecimento e recursos.
Lembre-se: o tempo é a matéria-prima da vida. Use o seu tempo com diligência, se livrando de toda e qualquer distração.
Reconheça suas limitações e esteja sempre disposto a aprender com os outros. A humildade abre portas para o crescimento contínuo e a construção de relacionamentos sólidos.
Comprometa-se com a qualidade em tudo o que faz.
Busque a excelência não apenas nos resultados, mas também em todos os processos.
Em vez de ver obstáculos como problemas, encare-os como oportunidades de aprendizado e crescimento.
Mantenha uma atitude resiliente, adaptando-se às mudanças com flexibilidade; isso é inteligência.

Reflita sobre as experiências passadas para entender como você pode melhorar no futuro.

Use cada desafio como uma lição para fortalecer seu caráter e suas habilidades.

Escolha suas palavras com cuidado e evite críticas destrutivas ou fofocas.

Promova uma comunicação que construa confiança e respeito mútuo.

Dê atenção plena aos outros enquanto eles falam, demonstrando que você valoriza suas opiniões e preocupações.

Incentive as pessoas a adotar comportamentos nobres, não por meio de imposição, mas mostrando os benefícios e os resultados positivos que você tem experimentado.

Se "entregue" em suas "entregas".

Incorporar esses princípios no seu dia a dia requer esforço consciente, mas os benefícios são vastos, tanto para o seu desenvolvimento pessoal quanto para o ambiente ao seu redor. Ao escolher agir de forma nobre, você encontrará maior significado em sua vida.

Não espere algo acontecer. Não espere concluir a leitura deste livro. Decida mudar o seu estilo de vida agora mesmo.

Muitas pessoas não experimentam o campo da realização porque vivem anos e anos esperando ver para crer. A operação é completamente inversa. Primeiro você crê, depois os fatos se manifestam em sua vida.

Seja nobre.

*Muitas pessoas são reféns de suas histórias
por não conseguirem se desvencilhar do passado.
Se você foi traído uma vez, não significa que será
de novo. Não crie postulados pautados em fracassos
e traumas; pelo contrário, crie postulados que o
direcionem a uma vida de propósitos e realizações.*

Fábia Braga

CAPÍTULO 17

Liberte-se

Não ser prisioneiro do passado é um processo que envolve aceitação, perdão, crescimento e o cultivo de uma mentalidade voltada para o agora e o futuro. Aceite que o que aconteceu no passado não poderá ser mudado. Evitar ou negar a realidade do passado pode mantê-lo preso nele. Aceitar o que aconteceu é o primeiro passo para se libertar. Use o acontecimento como um aprendizado. Em vez de se concentrar no que deu errado, procure as lições que o ocorrido pode oferecer. Cada experiência, positiva ou negativa, tem algo a ensinar.

O seu momento é agora. Seu poder de realização está no presente. Não seja vítima de nada. Não queira chamar atenção das pessoas para que tenham pena de você. Pare agora mesmo de mendigar atenção. Rompa com a carência existencial. Não queira impor medo em ninguém. Saia do campo do coitadismo, isso só o leva a, realmente, ser um coitado. Mude sua atmosfera interior. Somente você poderá fazer isso.

Tenha ousadia para se olhar de frente.

Por vezes, é tão fácil, criticar as outras pessoas, dar opiniões, apontar o caminho certo que não percorremos, coisas que muitas vezes não aplicamos em nossa existência. Enfrente a si mesmo, confronte-se, mude as suas atitudes. Faça qualquer coisa, mas saia do lugar, gerando movimento a sua vida. Na vida tudo é questão de movimento. A vida é movimento.

Desde o momento em que nascemos, somos lançados em um ciclo incessante de transformações. Cada escolha que fazemos, cada passo que damos, nos impulsiona adiante, moldando nosso caminho. Assim como o universo está em constante expansão, também estamos em um processo contínuo de crescimento e evolução.

As galáxias, os planetas, as estrelas – nada permanece estático. A Terra gira incessantemente, e cada volta nos traz um novo dia, novas oportunidades. A física nos ensina que o movimento é a essência de tudo. A inércia só é quebrada quando uma força externa age sobre um objeto, e o equivalente acontece em nossas vidas: sem ação, ficamos parados.

A filosofia também nos lembra que "tudo flui", como disse Heráclito. O rio nunca é o mesmo, assim como nós também não somos os mesmos de um momento para o outro. A vida é feita de ciclos, de mudanças contínuas. Para crescer, precisamos nos movimentar, sair da zona de conforto e enfrentar o desconhecido. O movimento traz aprendizado, crescimento e transformação.

Na vida, assim como na natureza, estagnação é sinônimo de decadência. Um rio que para de fluir apodrece, uma planta que não se desenvolve morre. Da mesma forma, se não nos movimentarmos, nossas ideias, nossos sonhos e nosso potencial começam a murchar. O segredo está em gerar o próprio movimento. Não espere que as circunstâncias o empurrem; crie o impulso necessário para avançar. Isso é um processo de libertação. Portanto, enfrente seus medos, mude suas atitudes e faça o necessário para romper a inércia. Todo progresso começa com o primeiro passo. Lembre-se: a vida é movimento, e só aqueles que se movem encontram o crescimento e a realização.

O movimento é o catalisador da transformação e da libertação. A pessoa que escolhe se mover – física, mental e emocionalmente – abre a porta para novas possibilidades, superações, e para uma vida cheia de propósito e liberdade. É a ação que nos liberta do que nos prende e ainda nos permite crescer para além das circunstâncias.

Como gerar o movimento libertador?
Romper a inércia pessoal

Muitas vezes, nos sentimos presos a padrões de comportamento, circunstâncias ou até mesmo pensamentos negativos que nos impedem de avançar. A decisão de se movimentar, seja física ou emocionalmente, é o primeiro passo para romper a inércia que nos mantém no mesmo lugar. Quando escolhemos agir – mudar de atitude, aprender algo novo, enfrentar nossos medos –, começamos a nos libertar das amarras invisíveis que nos mantêm estagnados.

Transformação e crescimento

O movimento permite a transformação. Assim como um rio que flui purifica suas águas, o movimento interno – a busca por novas experiências, novas formas de pensar e agir – purifica mente e alma. A pessoa que se movimenta, que busca evolução, se liberta das limitações que impôs a si mesma, sejam elas medo, dúvida ou autopiedade. Cada passo rumo à mudança traz mais clareza, mais liberdade e mais poder sobre a própria vida.

Libertação do conformismo

Ficar parado é, muitas vezes, sinônimo de conformismo. Contudo, o movimento liberta uma pessoa do ciclo de conformismo, permitindo a visualização de possibilidades e o alcance objetivos que pareciam distantes. Ao decidir sair do lugar e fazer algo diferente, a pessoa quebra as correntes da rotina que a aprisiona, criando espaço para novas oportunidades, novos horizontes.

O poder de escolha

Movimentar-se é, acima de tudo, um exercício de liberdade de escolha. A pessoa que se coloca em movimento está tomando controle do seu próprio destino, em vez de ser conduzida passivamente pelas circunstâncias. Ao perceber que o movimento gera novas oportunidades, que cada ação gera uma reação, ela passa a entender que é possível moldar a própria vida. Isso gera uma sensação de libertação porque, finalmente, o indivíduo percebe o poder de criar o seu futuro.

Superação de limitações

Muitas das barreiras que enfrentamos estão em nossas mentes. O movimento nos leva a enfrentá-las, a nos testar e superar os obstáculos que antes pareciam intransponíveis. Ao adotar uma atitude de constante evolução e mudança, nos libertamos de crenças limitantes e começamos a perceber que somos capazes de muito mais do que imaginávamos. Esse processo contínuo de superar limites antigos é profundamente libertador.

Renovação da energia

Quando estamos estagnados, seja emocional ou fisicamente, nossa energia diminui. Porém, o movimento a renova. O simples ato de tomar uma atitude nova, de se lançar em uma direção diferente, revitaliza a mente e o corpo, trazendo uma sensação de frescor e liberdade. Isso nos dá uma nova perspectiva da vida, um sentimento de possibilidade e abertura para o desconhecido.

Liberdade emocional

Enfrentar-se e mudar atitudes criam uma liberdade emocional sem precedentes. Muitas vezes, estamos presos a padrões de pensamento negativos e sentimentos de culpa, ressentimento ou raiva. Ao decidir conscientemente mudar e se movimentar na direção de uma vida melhor, começamos a nos libertar de tais emoções tóxicas. O movimento, seja no sentido de buscar novos desafios ou no simples ato de perdoar e deixar ir, liberta a mente e o coração, proporcionando uma sensação de alívio e paz.

O poder do perdão

Muitas pessoas são encarceradas em si mesmo porque não conseguem perdoar. O poder do perdão é profundo e transformador, afetando positivamente a saúde emocional, mental, espiritual e até física de uma pessoa. Perdoar, seja a si mesmo ou aos outros, pode liberar o peso do ressentimento e da dor, permitindo que se viva mais livre, saudável e em paz.

Perdoar não significa esquecer, mas sim liberar o ressentimento que você pode estar carregando. Perdoar a si mesmo pelos erros cometidos e os outros por seus atos libera a energia emocional que o mantém preso ao passado. Isso é libertador.

A culpa e o arrependimento são sentimentos que podem mantê-lo ancorado no passado. Trabalhe para deixar tais sentimentos, entenda que todos cometem erros e que o importante é o que você faz a partir de agora. O seu momento de virar as chaves é agora. O perdão é bem mais benéfico para quem o oferece. Perdoe. Liberte-se de suas cargas agora mesmo.

Guardar rancor ou ressentimento consome energia emocional e mental. Por sua vez, o perdão permite que você siga em frente sem o peso dessas cargas. Ele permite a reconstrução de relacionamentos danificados. Ao perdoar, você abre a porta para a reconciliação e para restaurar a confiança. Quando perdoamos, somos mais capazes de nos comunicar de maneira aberta e honesta, sem as barreiras emocionais do passado. Isso fortalece a conexão entre as pessoas. Ao perdoar, você retoma o controle sobre suas emoções e reações. Isso é libertador. Em vez de ser definido ou controlado pela ofensa, você escolhe a resposta que promove paz e bem-estar.

O perdão corta os laços emocionais negativos com a pessoa ou situação que causou dor. Isso permite a você se concentrar em aspectos positivos e em seus objetivos em direção à sua felicidade. O perdão promove um estado de paz interior difícil de alcançar quando estamos presos a mágoas e ressentimentos. Ao perdoar, a ansiedade e a preocupação sobre o passado diminuem, pois você se desvincula da necessidade de reviver ou corrigir erros que já aconteceram. Ao perdoar e estabelecer limites, você impede que ciclos de comportamento tóxico ou prejudicial continuem a se repetir.

Perdoar pode alinhar suas ações com propósitos maiores; isso te destrava para alcançar o seu próximo nível. Mesmo que você pense que não vai conseguir, gere o movimento necessário para sua libertação...

Você está diante de uma oportunidade, talvez única, para iniciar um capítulo muito especial em sua história. Deixe sua biografia fluir com leveza e plenitude. O passado traz peso, traz carga. Você não é obrigado a carregar pesos ou fardos em sua vida. Entenda os dizeres de Cristo:

"Conhecereis a verdade, e a verdade vos libertará"
(João 8:32).

Permita que essas verdades enraízem dentro de você a partir de agora.

O Evangelho de Mateus 11:28-30 relata que, quando Jesus Cristo estava dando instruções aos seus discípulos, Ele lhes disse:

> *"Venham a mim todos os que estão cansados e sobrecarregados, e eu darei descanso a vocês. Tomem sobre vocês o meu jugo e aprendam de mim, pois sou manso e humilde de coração, e vocês encontrarão descanso para as suas almas. Pois o meu jugo é suave e o meu fardo é leve".*

Jesus Cristo ensinou a todos os seus discípulos a arte de dominar a inteligência espiritual, e uma das orientações foi "não carregar fardo pesado". Você não precisa carregar fardos pesados; eles deixam sua visão turva e o impedem de fazer a prospecção para a realização dos seus sonhos. Não deixe isso ocorrer com você.

O momento de reação é agora. Seja leve.

Deixe sua vida fluir.

Jogue fora todos os fardos que o incomodam.

Perdoe.

Rompa com todos os vínculos de acusações em sua vida. Se algo não deu certo, de alguma maneira, contribuiu para você chegar até aqui; e, se você mudar o espectro de sua visão, perceberá que, seja qual for a experiência, ela cooperou para você se tornar uma pessoa mais forte.

Extraia forças da fraqueza.

Em Isaías 43:18, o Criador nos convida a não viver do passado:

> *"Não vos lembreis das coisas passadas, nem considereis as antigas".*

Se o Criador do Universo, de modo claro e categórico, nos orienta a não vivermos do passado, por que você se permite a ser escravo de experiências pregressas? Você não precisa disso, e a única pessoa que pode romper com isso é você. Como? Gerando movimento com foco no presente e na realização de seus projetos.

Complementando a passagem anterior do profeta Isaías, temos ainda:

"Eis que farei uma coisa nova, e, agora, sairás à luz; porventura, não a sabereis? Eis que porei um caminho no deserto e rios, no ermo"
(Isaías 43:19).

Libere caminho para que coisas novas aconteçam em sua vida. Você está livre.

DICA DE OURO

Incorpore este aprendizado agora mesmo: gere o seu movimento.
Flua. Acelere.
Recupere o tempo. Voe.
Você é livre.

*A visão é o ato de enxergar com os olhos
da nossa alma, é deixar que nosso eu interior
veja que tudo é possível ao que crê, conforme
nos ensinou Jesus Cristo.
É enxergar possibilidades, deixar de ver obstáculos
e ver etapas.
A visão seguida por ação leva à realização pessoal.*

Fábia Braga

CAPÍTULO 18

O poder da visão

Uma visão é uma imagem clara e inspiradora do futuro que você deseja criar para si mesmo. Ela representa um objetivo ou estado ideal que você aspira alcançar em diversas áreas da sua vida, como carreira, relacionamentos, saúde, crescimento pessoal, finanças e bem-estar espiritual. A visão te dá a capacidade de enxergar além do horizonte imediato, identificando tendências, oportunidades e ameaças/desafios que podem afetar o seu futuro. É a habilidade de formular e comunicar uma imagem clara e inspiradora do destino desejado, fornecendo direção para a tomada de decisões e ações. É fundamental para o desenvolvimento de estratégias bem-sucedidas, que impulsionam crescimento e sucesso. Ter visão significa compor uma imagem perfeita e nítida de onde se quer chegar e ter estratégias detalhadas para alcançar um determinado objetivo. É uma percepção inteligente da situação e uma antecipação dos resultados esperados.

A visão é o ato de enxergar com os olhos da nossa alma, é deixar que nosso eu interior veja que *tudo é possível ao que crê*, conforme nos ensinou Jesus Cristo. É vislumbrar possibilidades, deixar de ver obstáculos e visualizar processos de aprendizados. Seguida por movimento e ação (que já estudamos), leva ao campo da realização pessoal. Como disse o renomado futurista Joel Barker em seu livro *Future edge: discovering the new paradigms of success* (1992):

"Uma visão sem ação é somente um sonho, uma ação sem visão é passatempo, uma visão com ação transformará a sua vida".

Nossos olhos são limitados pela linha de alcance ou pelo espectro cinético; a visão desenvolvida dentro do espectro da inteligência espiritual não tem limite.

O único limitador que você tem para sua visão é a sua própria imaginação, além de seus medos. A visão no contexto da inteligência espiritual implica a percepção e a capacidade de ver muito além daquilo que nossos olhos enxergam. Contudo, a visão pode se tornar uma ilusão se você não tiver movimento e ação, planos ou estratégias para dar existência a ela. Dar existência a uma visão é dar causa a vida.

A partir do momento que você tem uma imagem clara e inspiradora do futuro que deseja criar para si, suas ações devem seguir esta realidade. Uma visão deve ser específica e bem-definida, descrevendo com detalhes o que você quer alcançar. Por exemplo, em vez de simplesmente desejar "ser feliz", uma visão clara poderia ser "viver um estado de satisfação e equilíbrio emocional, cercado por relacionamentos saudáveis e trabalhando em uma carreira que traga propósito e realização". A sua visão deve ser algo que inspire e motive você. Deve ser um objetivo que desperte paixão e determinação, fazendo com que você queira agir para torná-la realidade, mesmo diante de desafios. Se a sua visão não te desafiar, não é uma visão.

A visão te tira da inércia. A visão é uma força motriz propulsora em sua vida. Quando você a alimenta, é motivado a agir dia após dia. A visão serve como uma bússola, orientando suas escolhas diárias e decisões. Ela ajuda a manter o foco no que realmente importa e a evitar distrações que não estão alinhadas com seus objetivos. Uma visão eficaz deve estar profundamente alinhada com seus valores pessoais. Deve refletir o que é mais importante para você e o tipo de vida que se quer construir. Embora forneça uma direção clara, também deve ser flexível o suficiente para se adaptar às mudanças na vida e novas oportunidades. À medida que você cresce e evolui, sua visão pode ser refinada e ajustada.

Visão é para quem não teme a frente de batalha. Ilusão é para os conformistas. A visão cria a realidade. Aristóteles a abordou em termos de finalidade ou propósito. No contexto humano, seria o alinhamento de nossas ações com nosso propósito final. Para o filósofo, desenvolver uma visão de vida estaria associado à realização do nosso potencial máximo.

Em sua obra *O ser e o nada* (1943), Jean-Paul Sartre argumentava que, ao contrário dos objetos ou seres com uma essência ou propósito pré-definido, os seres humanos existem primeiro e, só depois, definem sua própria essência por meio de suas escolhas, ações e decisões.

Em relação à visão de vida, Sartre propõe que não há um destino ou propósito predeterminado para o ser humano. Cada indivíduo é responsável por criar e dar sentido à sua própria vida, sendo a visão algo que se constrói a partir das escolhas feitas ao longo do caminho. Isso implica que a visão que temos de nós mesmos e do mundo ao nosso redor é resultado direto de nossas decisões conscientes. Portanto, é nossa responsabilidade criar nosso próprio significado e propósito, não dependendo de uma ordem externa ou de normas impostas, mas, sim, assumindo o controle total sobre nossa existência.

Essa perspectiva existencialista desafia a ideia de uma vida pré-determinada e propõe um modelo em que a liberdade, embora acompanhada de responsabilidade, é a chave para a criação de um destino autêntico.

Já citado neste livro, Viktor Frankl argumentou que a busca por sentido é a principal força motivadora na vida humana. Ele enfatizou a importância de ter uma visão ou um propósito para resistir às adversidades. O neuropsiquiatra acreditava que mesmo nas situações mais difíceis, como a dos campos de concentração, ter uma visão de algo significativo no futuro poderia dar força e esperança para sobreviver e florescer.

Ralph Waldo Emerson abordou a importância da visão interior e da autoconfiança. Ele encorajou as pessoas a confiarem em suas próprias intuições e visões, argumentando que cada indivíduo tem uma fonte de sabedoria interna que pode guiá-lo na vida. Para Emerson, uma visão verdadeira vem de dentro e é uma expressão da nossa natureza mais profunda e autêntica.

O poder da visão que transcende as circunstâncias

A história de José, descrita no livro de Gênesis, é uma das narrativas mais poderosas da Bíblia sobre perseverança, fé e o poder da visão. José, ainda jovem, teve um sonho que transformaria não apenas sua vida, mas a de toda uma nação. Ele enxergou além das circunstâncias imediatas, e foi essa visão que o guiou, mesmo nos momentos mais sombrios de sua jornada.

Sendo o filho predileto de Jacó, Deus lhe deu um sonho muito especial: ele se via em posição de liderança, com seus irmãos se curvando diante dele. Esse sonho não foi bem recebido por seus irmãos, que, movidos por inveja, venderam-no como escravo e o enviaram ao Egito. Mesmo em um cenário de traição e abandono, José nunca perdeu a visão que Deus havia colocado em seu coração. Ele sabia que seu destino era maior do que as circunstâncias que o cercavam naquele momento.

Essa visão era mais do que apenas um sonho – era uma promessa, uma revelação divina. E José a carregou consigo, mesmo quando tudo ao seu redor parecia ir contra tal promessa.

A visão na adversidade

José foi vendido como escravo, depois injustamente acusado e lançado à prisão. Se alguém tivesse razões para desistir, para perder a fé e a esperança, seria ele. Porém, mesmo na prisão, José não perdeu de vista sua visão. Ele sabia quem era e o que Deus havia lhe mostrado. A prisão não era o seu destino final, senão uma etapa em sua jornada. Aqui está o poder transformador da visão: ela nos dá esperança em meio às circunstâncias mais sombrias. Ela nos mostra que as situações não são a nossa sina, são simplesmente uma etapa em nosso caminho.

A visão que José teve o sustentou, dando-lhe forças para continuar, mesmo quando tudo ao seu redor gritava fracasso e derrota. Na prisão, José não apenas sobreviveu, mas prosperou, usando seus dons para interpretar sonhos e ganhar a confiança dos outros prisioneiros e até do chefe do local. A visão nos leva ao preparo. Quando não a perdemos, desenvolvemos novas habilidades em nossas vidas.

José é o exemplo perfeito de que, mesmo quando as circunstâncias não refletem a visão, você deve continuar acreditando. Ele enxergava além do presente. Ele tinha convicção de que Deus estava trabalhando nos bastidores, preparando-o para o que viria, ele potencializava o presente para construir o futuro.

A visão liberta

Após anos de provações, a visão que José carregava finalmente começou a se manifestar. Ele foi chamado para interpretar os sonhos do faraó, o que o levou a se tornar o segundo homem mais poderoso do Egito. Aquilo que parecia impossível, uma vez que era apenas um estrangeiro vendido como escravo, tornou-se realidade. José foi colocado em uma posição de autoridade, salvando não apenas o Egito da fome, mas também sua própria família, que mais tarde se curvou diante dele – exatamente como no sonho.

A visão de José o libertou não só de uma prisão literal, mas de toda a dor e mágoa do seu passado. Ele não permitiu que as traições, o sofrimento ou as dificuldades o definissem. Em vez disso, sua visão se tornou o farol que o guiou através das tempestades, levando-o a um destino de grandeza.

O poder da visão

O que podemos aprender com José é que a visão tem um poder imensurável. Quando Deus planta uma em nossos corações, ela se torna uma bússola que nos direciona, mesmo quando tudo parece estar dando errado. A visão é o que nos faz continuar, é o que nos mantém focados no futuro, apesar das dificuldades do presente.

A visão dá propósito à vida, mesmo nos momentos de maior escuridão. José tinha um propósito claro. Sua visão era o lembrete constante de que ele estava destinado a algo maior. Mas qual é o seu propósito de vida? Qual é a sua visão?

A visão transcende as circunstâncias, José nunca permitiu que as dificuldades temporárias apagassem a promessa eterna que ele carregava. Sabia que sua visão era maior do que qualquer prisão ou traição. E quais são as promessas eternas que você carrega em sua vida?

A visão nos faz enxergar além do presente. Quando temos uma, enxergamos além do agora. As lutas diárias perdem força, porque entendemos que são apenas parte do processo de realização.

Ao longo de sua jornada, José foi forjado pelas provações. Sua visão o ajudou a desenvolver paciência, perseverança e fé. Ele emergiu de suas dificuldades não apenas como um líder, mas como alguém digno da posição que ocupava. Assim como José, todos nós podemos ter uma visão que nos impulsiona. Não importa o que enfrentamos, o que nos prende ou nos limita – a visão é o que nos liberta e nos leva ao nosso destino. Ela nos dá a força para continuar, nos ajuda a superar as adversidades e nos permite viver com propósito.

Mantendo a visão viva

É crucial que, como José, você mantenha sua visão viva mesmo em meio às adversidades. Se as circunstâncias atuais parecem contrárias ao que você enxerga para o seu futuro, não desista. Lembre-se de que a visão é um presente de Deus, e Ele nunca dá uma visão sem também prover o caminho para realizá-la.

Cultive sua visão, alimente-a com fé e ação. O poder dela está em sua capacidade de sustentar, guiar e transformar vidas, assim como aconteceu com José. Quando você a mantém viva, ela tem o poder de romper qualquer barreira, libertá-lo das prisões da vida e levá-lo ao destino que Deus preparou para você.

Uma das frases mais inspiradoras de Nelson Mandela é: "A ação sem visão é apenas um passatempo. A visão sem ação é apenas um sonho. A visão com ação pode mudar o mundo". Essa poderosa reflexão foi proferida por Mandela em um discurso de 1994, durante o lançamento do Nelson Mandela Foundation. Ela revela a crença de Mandela de que não basta ter uma visão clara, é preciso agir com determinação para transformá-la em realidade. Ele entendia que a visão e a ação devem caminhar juntas para criar mudanças duradouras e significativas. A visão por si só não é suficiente; é a ação que a concretiza, dando-lhe a força necessária para remodelar a realidade.

Essa ideia ressoa profundamente no famoso discurso de Martin Luther King Jr., *I have a dream*, em que ele expressou de maneira eloquente sua visão de um futuro no qual a igualdade racial seria uma realidade nos Estados Unidos. O discurso de King é um exemplo paradigmático de como uma visão clara, unida à ação e à luta contínua, pode inspirar gerações a buscar a justiça e a igualdade, contribuindo para uma transformação social duradoura.

Em Provérbios 29:18, Salomão nos traz que:

"Não havendo profecia, o povo se corrompe".

Quais são os benefícios de desenvolver uma vida com visão?

A visão nos traz foco e direção. Ela nos ajuda a orientar nossas ações diárias e decisões, fornecendo um senso de urgência e propósito, evitando desse modo sentimentos de "estar sem rumo".

Uma visão clara e inspiradora pode ser uma fonte poderosa de motivação, especialmente quando os tempos são difíceis. Ela ajuda a manter o entusiasmo e a determinação, trabalhando em prol do crescimento pessoal contínuo. Procuramos, assim, nos esforçar para melhorar e nos desenvolver para alcançarmos nossos objetivos, o que leva a uma maior realização pessoal.

Outro ponto importante é que a visão atua como um critério para a tomada de decisões. Ela ajuda a discernir quais oportunidades, projetos e relacionamentos são mais alinhados com o futuro que desejamos. Uma visão bem desenvolvida dá à nossa vida um senso de significado. Sabemos por que estamos fazendo o que estamos fazendo, o que aumenta a nossa satisfação e felicidade.

Como desenvolver uma visão?

Desenvolver uma visão é um processo profundo que envolve autoconhecimento, imaginação, escolhas, movimento, decisões e ação. Quando você tem uma visão clara, ela se torna o norte que guia suas decisões e atitudes, mesmo diante das adversidades. Não subestime o poder dela para transformar sua vida e te levar além das suas circunstâncias atuais. A visão é o que faz os grandes líderes, empreendedores e pessoas de fé se destacarem – e ela pode ser a chave para sua realização também.

É a base para criar uma vida intencional e significativa. Ela fornece direção, inspiração e foco, ajudando você a alinhar suas ações diárias com seus objetivos de longo prazo. Com uma visão clara, você pode navegar pelas escolhas da vida com confiança e propósito, sabendo que está construindo um futuro que reflete verdadeiramente quem você é e o que valoriza, lembrando que o futuro é construído no presente.

Conecte-se com seus valores e propósitos

A primeira etapa para desenvolver uma visão é entender quem você é e o que valoriza profundamente. Isso requer reflexão e uma análise sincera dos seus valores pessoais. Pergunte a si mesmo:

- O que realmente importa para mim?
- O que me traz alegria e satisfação genuína?
- Como quero ser lembrado?

Sua visão deve ser ancorada em seus valores e naquilo que sente como propósito maior. Quando a visão está alinhada com os valores mais profundos, ela se torna uma força motivadora constante.

Sonhe

Uma visão inspiradora é aquela que desafia você a sonhar além das circunstâncias atuais, mas também se mantém enraizada na realidade. Sonhar grande não significa ignorar os desafios, mas sim visualizar um futuro melhor para você e para os outros, mesmo que os obstáculos sejam grandes.

Faça perguntas como:

- Se eu pudesse fazer ou ser qualquer coisa, o que seria?
- O que eu desejo alcançar em minha vida ou em minha carreira?

Essas perguntas ajudam a ampliar suas perspectivas e a construir uma visão capaz de ultrapassar o que parece possível no momento.

Visualize o futuro com clareza

Desenvolver uma visão requer imaginação e visualização. Dedique um tempo para fechar os olhos e se imaginar no futuro que deseja criar. Visualize detalhes:

- Como você se vê daqui a cinco, dez ou vinte anos?
- Quais são as pessoas ao seu redor?
- Que tipo de impacto você está gerando no mundo?

Essa prática de imaginar o futuro torna a visão mais real e tangível, criando uma conexão emocional poderosa com o que você quer alcançar.

Seja específico

Uma visão efetiva precisa de clareza. É importante detalhar o que você quer alcançar e por quê. Por exemplo, em vez de ter uma visão vaga de "ser bem-sucedido", defina o que sucesso significa para você. Pergunte:

- O que quero realizar em termos específicos?
- Qual é o impacto que quero deixar?

A especificidade transforma sonhos abstratos em metas concretas que podem ser perseguidas com foco.

Desenvolva metas a longo prazo

Uma visão poderosa não é apenas uma inspiração, mas também um guia prático para a ação. Para desenvolver uma visão que possa ser alcançada, é fundamental criar metas a longo prazo que possam ser desdobradas em pequenos passos. Pergunte-se:

- Quais são os grandes objetivos que preciso alcançar para que minha visão se torne realidade?
- Quais ações devo começar agora para me aproximar da visão?

Divida sua visão em objetivos práticos e mensuráveis. Por exemplo, se sua visão envolve abrir uma empresa, pense em qual deve ser sua primeira ação: estudar o mercado, economizar capital ou aprender uma nova habilidade.

Seja flexível e adaptável

A vida nem sempre segue o caminho planejado. A visão deve ser um guia, mas não uma prisão. É importante ser flexível e adaptar sua visão à medida que a vida evolui. Conforme você cresce, suas perspectivas podem mudar, e sua visão também. Não tenha medo de ajustar suas metas ao longo do caminho, desde que a essência de sua visão permaneça conectada aos seus valores fundamentais.

Inspire-se em exemplos

Estude a vida de pessoas que realizaram grandes visões. José, no Egito, manteve sua visão viva, mesmo nas piores circunstâncias, e isso o levou a realizar seu propósito. De maneira semelhante, muitas figuras inspiradoras no passado e no presente tinham uma visão clara que as guiou pelos desafios.
Pergunte-se:

- Quem são meus modelos de inspiração?
- O que posso aprender com suas visões?
- Como essas visões podem moldar a minha?

Ler biografias ou assistir a entrevistas de pessoas que você admira pode fornecer *insights* sobre como elas desenvolveram e mantiveram sua visão.

Comprometa-se com o movimento e a ação

Uma visão sem ação é apenas um sonho. Para que sua visão se torne realidade, você precisa dar os primeiros passos. Mesmo pequenas ações, quando repetidas consistentemente, têm o poder de transformar seu futuro. Lembre-se:

- O que posso fazer hoje para avançar em direção à minha visão?
- Quais são as ações diárias que me manterão no caminho?

A visão não se realiza da noite para o dia, mas o compromisso com o progresso contínuo faz toda a diferença.

Cerque-se de pessoas que acreditam em sua visão

Sua visão é fortalecida pelo ambiente ao seu redor. Cuide do seu jardim. Cuide do seu ambiente. Cerque-se de pessoas que compartilham ou apoiam seus sonhos, que incentivam seu crescimento e que contribuem para que sua visão se mantenha viva. Escolha suas companhias com sabedoria, buscando aquelas que elevam sua motivação e encorajam sua jornada. Será preciso deixar algumas pessoas para trás... Pense nisso.

Confie no processo, mas faça escolhas. Decida e aja

Por fim, desenvolver uma visão requer paciência e fé, ao mesmo tempo que exige escolhas, decisões e movimento. Confie que, mesmo diante das dificuldades, sua visão está se movendo em direção à realização. Como José na prisão, mantenha a confiança de que Deus está orquestrando os eventos para que sua visão se materialize no tempo certo. Contudo, faça suas escolhas pautadas em sua visão de futuro, alinhe suas escolhas ao seu destino. Decida diariamente ter ações que gerem movimento para que você alcance o seu lugar de realização.

DICAS DE OURO

Qual é a sua visão acerca de si mesmo?

Como você se vê? Como se imagina daqui a cinco anos? Quais são os seus planos para que seus objetivos sejam alcançados?

Treine sua visão. Sonhe. Mapeie como seus objetivos serão alcançados. Dê corpo, forma e cor a seus objetivos.

Faça um planejamento com metas reais.

Tenha obsessão por escolhas, decisões e atitudes que o levem ao campo de realização.

Estude, adquira novas habilidades. Lembre-se: conhecimento é poder. Potencialize sua visão a cada dia.

Faça dela o exercício da borda do envelope existencial.

Quando você nasceu, simplesmente avançou,
rompendo as barreiras do desconhecido.
Você não esperou o momento propício.
Então, não existe momento propício para
o seu avanço. O seu momento é agora.

Fábia Braga

CAPÍTULO 19

O poder da escolha e da decisão

Tenho certeza de que com a viagem pelas páginas deste livro, você já está conhecendo bem melhor o seu universo interior e já adquiriu conhecimento para virar todas as chaves em sua vida. Existe uma força poderosa em movimento dentro de si que quer que você avance.

O momento exige escolhas, decisões e atitudes.

Veja bem, quando você estava no ventre da sua mãe e quis nascer, não esperou um momento propício. Você simplesmente avançou, rompendo as barreiras do desconhecido, entrando no mundo com coragem e determinação. Essa mesma força, aquela que impulsionou você a nascer, ainda reside dentro de si. É uma força que não se contenta em ficar parada, que não se deixa aprisionar pelas circunstâncias ou pelo medo. Ela existe para empurrar você para frente, para guiá-lo para a realização de seu propósito.

Neste ponto da sua jornada, você já desenvolveu a autoconsciência que permitiu o nascimento do autoconhecimento. Já identificou a visão que Deus colocou em seu coração. Você já tem clareza da visão que Ele te deu e está ciente do poder extraordinário que carrega dentro de si. Mas saber e não agir é como ter uma semente e nunca plantá-la. O potencial está lá, mas os frutos nunca aparecerão se você não der o passo inicial. A única pessoa que pode deter o seu desenvolvimento é você mesmo.

Muitas vezes, nos prendemos a rituais de iniciação, a práticas que nos mantêm em um estado de inércia constante de preparação, mas nunca de ação. Você já saiu da inércia. Cada segundo que hesita, que você se segura, é um segundo desperdiçado. A vida é curta demais para viver em estado de espera, para aguardar o momento certo que nunca chega. As oportunidades não são encontradas em um futuro distante, elas são criadas no presente. E o presente é o momento em que você está agora.

Pense nisto: quando você sentiu o impulso de nascer, o ambiente ao redor não era perfeito. O mundo estava cheio de incertezas, mas, ainda assim, você nasceu. Da mesma forma, as circunstâncias ao seu redor agora podem não ser perfeitas, contudo isso não deve ser motivo para parar. O mundo não precisa estar em perfeita ordem para você avançar; o que é necessário é a sua decisão de agir, de colocar em prática tudo o que aprendeu nas páginas destes livro, tudo o que sabe que está dentro de si.

Você já fez a descoberta mais importante: reconheceu seu poder interno. Agora, a questão é: o que você vai fazer com ele? Vai deixá-lo dormente, esperando por um amanhã que nunca chega ou vai utilizá-lo para transformar sua vida e o mundo ao seu redor?

O momento é agora. As adversidades sempre existirão, mas não são elas que definem quem você é ou o que você pode realizar. O que te define é a sua resposta a essas adversidades. E a resposta certa é avançar. Agora. Sem hesitação, sem desculpas.

Avance, porque você foi criado para isso.

Avance, porque o seu propósito é grande demais para ser adiado.

Avance, porque o mundo precisa do que você tem para oferecer.

Avance, porque o Reino de Deus está dentro de você, esperando para se manifestar de maneiras poderosas.

O poder das escolhas

O poder das escolhas é imenso e fundamental para moldar a vida de uma pessoa. Como afirmam muitos estudiosos, como o psicólogo William James, as escolhas não apenas refletem nosso caráter, mas também o formam. James, em sua obra *The principles of psychology* (1890), destaca a importância das escolhas como determinantes da nossa identidade e comportamento, e como elas têm o poder de alterar nossa trajetória de vida. A maneira como tomamos decisões influencia diretamente o nosso futuro, nosso comportamento e, consequentemente, o mundo ao nosso redor. De acordo com a teoria da decisão na física quântica, as escolhas que fazemos podem ser vistas como interações com as probabilidades do universo, sendo cada ação geradora de novos resultados possíveis, como explicado por Ilya Prigogine em *The end of certainty* (1997).

Na Bíblia, em Deuteronômio 30:19, é dito: "Os céus e a terra tomam hoje como testemunhas contra vós, que te dei a vida e a morte, a bênção e a maldição; escolhe, pois, a vida, para que vivas, tu e a tua descendência". Essa passagem nos lembra que, em nossa jornada, sempre temos o poder de escolher a direção a ser tomada, mesmo em face das adversidades. A verdadeira liberdade, portanto, reside no entendimento de que, independentemente das circunstâncias, temos a autoridade de decidir e moldar o futuro que desejamos.

Assim como a física quântica sugere a influência das decisões no destino, a astronomia também nos ensina que mesmo os menores corpos celestes podem ter grandes impactos no universo. A interação gravitacional de um pequeno cometa pode alterar a trajetória de planetas inteiros, como discutido por Stephen Hawking em *A brief history of time* (1988). Esse princípio se aplica também às nossas vidas: as pequenas escolhas diárias são os "cometas" que influenciam os grandes eventos por vir.

As resoluções funcionam como a pedra angular do nosso destino. Desde decisões simples e cotidianas, como o que comer, até deliberações mais complexas relacionadas a carreira, relacionamentos e valores, cada uma delas traça o caminho que vamos seguir. Albert Einstein, em sua teoria da relatividade, afirmava que "a diferença entre o passado, o presente e o futuro é apenas uma persistente ilusão". Isso nos faz refletir sobre como nossas escolhas podem transitar entre o que é "agora" e o que será no futuro, com suas implicações. De fato, cada escolha, por mais insignificante que pareça no momento, pode ter repercussões duradouras, como sugerido por Erwin Schrödinger em *What is life?* (1944), que destacou a importância dos microestados na física quântica e como pequenas mudanças podem se ampliar para formar grandes resultados.

Entenda que nossas escolhas repetidamente definem quem somos. Se decidimos agir com honestidade, empatia e disciplina, desenvolvemos um caráter forte e íntegro. Isso se alinha com o conceito judaico de Tikkun Olam, que significa "curar o mundo", um princípio que implica melhorar o mundo com ações éticas e conscientes, conforme explicado em várias fontes judaicas, como em *The Jewish way in love and marriage*, de Timothy K. Beal. Grandes líderes e pessoas influentes se destacam, muitas vezes, por suas escolhas consistentes em momentos de adversidade. Moses Maimonides, filósofo e médico judeu, destacou em sua obra *The guide for the Perplexed* (1190) que "a verdadeira sabedoria é a arte de tomar decisões que promovam o bem-estar da comunidade".

A escolha do caminho mais difícil – aquele que exige integridade e sacrifício – consolida a construção de um caráter nobre e resiliente. Em momentos decisivos, nossas escolhas refletem nossa verdadeira natureza e determinação. Assim como Galileu Galilei, que desafiou as convenções de sua época para adotar um caminho baseado na verdade científica, os líderes mais influentes da história foram aqueles que escolheram o caminho mais árduo e, ao fazê-lo, moldaram o futuro para as gerações vindouras. Galileu, em *Dialogue concerning the two chief world systems* (1632), é um exemplo claro de como a coragem de seguir uma visão, mesmo em face da oposição, pode transformar a história.

Todas as escolhas têm consequências

Toda escolha tem uma consequência, seja ela positiva ou negativa. Mesmo a ausência de escolha é, na verdade, uma escolha que gera consequências. Quando alguém escolhe adiar uma decisão importante, por exemplo, a consequência pode ser a perda de uma oportunidade. Por outro lado, fazer uma escolha consciente e proativa pode criar avanços inesperados, além de "acelerar" o tempo.

É por isso que a escolha deve ser feita com sabedoria e visão de longo prazo. Sempre que uma escolha precisa ser feita, é fundamental considerar não apenas o que é conveniente agora, mas também as repercussões futuras dessa decisão. Você é as escolhas que fez ao longo da sua vida, e a maneira de mudar esta jornada é por meio de novas escolhas.

As escolhas geram oportunidades

Cada escolha que fazemos, especialmente aquelas que envolvem riscos ou desafios, é uma oportunidade de crescimento. Quando escolhemos enfrentar nossos medos, desafiar nossas limitações ou nos expor ao desconhecido, nos colocamos em posição de aprender e evoluir. O crescimento pessoal e profissional está diretamente relacionado à coragem de fazer escolhas difíceis.

Evitar escolhas difíceis por medo do fracasso ou da incerteza mantém uma pessoa estagnada. Contudo, ao escolher enfrentar desafios, abrimos espaço para aprendizado, experiências e crescimento.

Escolhas são liberdade

A verdadeira liberdade não é a ausência de escolhas, mas a capacidade de decidir conscientemente e assumir a responsabilidade por isso. Quando escolhemos, tomamos o controle de nossa vida em vez de sermos conduzidos pelas circunstâncias. Contudo, com essa liberdade vem a responsabilidade pelas consequências de nossas decisões.

Pessoas bem-sucedidas não são aquelas que evitam erros, mas aquelas que assumem a responsabilidade, aprendem com os erros e seguem em frente. O poder das escolhas está na liberdade de definir nosso próprio caminho e também na responsabilidade de moldar o que virá a seguir.

Uma das maiores forças de escolher é o poder de mudar de direção. Às vezes, fazemos escolhas que nos levam por um caminho que não esperávamos ou que nos colocam em situações difíceis. No entanto, sempre temos a capacidade de escolher novamente e ajustar nossa rota. O poder de escolher diferente é a chave para sair de ciclos destrutivos, para transformar erros em aprendizado e para reinventar nossa vida.

A escolha das atitudes

Embora não possamos controlar tudo o que acontece em nossas vidas, temos o poder de escolher como reagimos a essas circunstâncias. Nossa atitude diante dos desafios é, muitas vezes, o fator decisivo que determina se sairemos mais fortes ou derrotados. Escolher uma atitude positiva e proativa diante das adversidades é uma das decisões mais poderosas que podemos fazer.

Viktor Frankl, psicoterapeuta e sobrevivente do Holocausto, escreveu em seu livro *Em busca de sentido* (1946): "A última das liberdades humanas é escolher a própria atitude em qualquer circunstância". Mesmo nos momentos mais sombrios, nossa capacidade de escolher como reagir nos oferece o poder de resistir e superar os maiores desafios. Essa liberdade interior, inabalável, nos permite transformar qualquer situação, pois, apesar das adversidades externas, sempre podemos controlar nossas atitudes. E, então, como você decidirá agir e reagir a partir deste momento, sabendo que essa escolha pode transformar a sua vida?

O poder das decisões

Chegou o momento de você fazer resoluções em sua vida. Decidir é um ato de poder pessoal. Suas deliberações definem quem você é, para onde vai e qual será o seu impacto no mundo. Elas moldam caráter, criam oportunidades e permitem que você assuma o controle de seu destino. As decisões que tomar agora irão definir o desfecho de sua trajetória.

Decisões definem direções

As decisões são como bifurcações na estrada da vida. A cada sentença importante, você escolhe um caminho que determina para onde sua vida está se dirigindo. Cada decisão, coloca você em uma direção diferente. Decidir é, portanto, uma ferramenta poderosa para modelar o seu futuro.

As grandes mudanças começam com pequenas decisões. Uma decisão bem pensada pode levar ao sucesso, enquanto uma impulsiva ou mal planejada pode resultar em consequências negativas. Por isso, o ato de decidir nunca deve ser feito de forma descuidada, pois representa a abertura ou o fechamento de portas que impactam a vida.

O poder de decidir acordado

Há uma grande diferença entre ser levado pelas circunstâncias e tomar decisões conscientes. Muitas pessoas passam pela vida sem tomar decisões deliberadas, deixando que o fluxo dos acontecimentos determine seu futuro. No entanto, as pessoas que fazem a diferença, que alcançam o sucesso e que vivem uma vida com propósito são aquelas que decidem conscientemente.

Decidir acordado significa escolher com base em princípios, valores e uma visão clara de onde se quer chegar. Significa parar, refletir e analisar as opções, em vez de agir impulsivamente ou seguir o que parece mais fácil. A verdadeira liberdade e o controle sobre a vida vêm de tomar decisões conscientes e deliberadas.

Decisões moldam seu caráter

Assim como as escolhas constroem nosso caráter, as decisões tomadas ao longo da vida moldam quem nos tornamos. Decisões difíceis, como dizer "não" a tentações ou sacrificar o curto prazo pelo longo prazo, ajudam a formar um caráter resiliente e forte. As decisões acabam definindo como você se vê e como o mundo o vê. Suas decisões determinam quem você é.

Autorresponsabilidade

Tomar decisões significa assumir responsabilidade por sua vida. Muitas vezes, as pessoas evitam decisões importantes por medo de falhar ou de enfrentar as consequências. No entanto, decidir é um ato de maturidade e liderança. Ao tomar uma decisão, você assume o controle de sua vida e aceita as consequências, sejam elas positivas ou negativas. Acredite, não decidir é uma escolha que trará em si as consequências de não tomar uma decisão.

Evitar isso é uma forma de renunciar ao controle, deixando que outras pessoas ou circunstâncias decidam por você. Aqueles que não decidem conscientemente acabam se tornando vítimas das circunstâncias, enquanto os que tomam decisões deliberadas estão no comando do próprio destino.

O poder da decisão no tempo certo

Decidir no momento certo é tão importante quanto a própria decisão. Tomar decisões precipitadas, sem a devida análise, pode levar a erros; por outro lado, postergar uma decisão necessária pode fazer você perder grandes oportunidades. O tempo é um fator crucial, e saber quando agir é uma habilidade que pode ser desenvolvida.

Algumas decisões exigem paciência, pesquisa e reflexão, enquanto outras exigem rapidez e prontidão. O poder está em reconhecer qual é o momento certo para agir, sem ceder à pressão do medo ou à paralisia da indecisão.

Decisões criam oportunidades

As melhores oportunidades na vida surgem a partir de decisões ousadas e corajosas. Grandes conquistas, sejam pessoais ou profissionais, são resultado de decisões que desafiam o *status quo* e empurram a pessoa para fora da zona de conforto. Decidir correr riscos calculados abre portas para novas experiências e possibilidades que antes eram inimagináveis.

Empreendedores, líderes e inovadores são exemplos claros de como decisões ousadas podem criar oportunidades onde antes não havia. Eles decidem avançar, mesmo diante da incerteza, e esse ato de coragem gera um movimento que traz crescimento e sucesso.

O poder de decidir com base em princípios

Tomar decisões fundamentadas em princípios sólidos traz clareza e consistência à vida. Decisões baseadas em princípios, como integridade, justiça e compaixão, não só criam uma vida mais alinhada com seus valores, mas também promovem uma estabilidade interna, mesmo em tempos de crise.

Quando as decisões são guiadas por princípios, elas fornecem uma bússola moral, evitando que você se perca em momentos de dúvida. Assim, ter princípios claros permite que você tome decisões difíceis com mais facilidade, sabendo que está agindo de acordo com o que acredita.

O poder de mudar de decisão

Embora tomar decisões seja um ato de responsabilidade e coragem, também é importante reconhecer que algumas resoluções podem e devem ser retificadas ao longo do tempo. Circunstâncias mudam, novas informações surgem e o crescimento pessoal pode levar a uma revisão de perspectivas.

O poder de mudar de decisão, quando necessário, não é sinal de fraqueza, mas de sabedoria. Decisões rígidas podem limitar o crescimento e as oportunidades. Portanto, ter a flexibilidade de reavaliar suas escolhas e ajustá-las conforme necessário é uma habilidade poderosa para manter a vida alinhada com seu propósito.

Decisões constroem confiança

Quanto mais decisões tomar, mais confiante você se torna em sua capacidade de deliberar corretamente. Decisões geram aprendizado e mesmo as que levam a erros contribuem para a construção de sabedoria. Cada determinação tomada com convicção fortalece a confiança em si mesmo e em a capacidade de moldar o próprio destino.

Decisões fortalecem a autoconfiança porque você aprende a lidar com as consequências, positivas ou negativas, e a se adaptar. Isso desenvolve uma mentalidade resiliente, capaz de enfrentar os desafios com mais firmeza e segurança.

Existem decisões que você precisa fazer agora e, até mesmo, mudança de escolhas passadas. Você está com um quadro branco em uma de suas mãos e na outra, as mais belas paletas de cores já vistas no universo. Como você vai pintar o seu quadro existencial? Quais serão as suas decisões?

DICAS DE OURO

Entenda que o seu momento certo é agora. Caso seja necessário, force passagem.
Não espere por condições ideais ou momento perfeito para suas escolhas e decisões. Avance com o que você tem agora.
Reconheça e utilize a força que o Autor do Universo já colocou dentro de você. Você tem tudo o que precisa para começar.
Evite qualquer tipo de procrastinação. Faça escolhas intencionais.
Não permita que a procrastinação te paralise. Não permita que o medo te paralise. Mantenha o foco.
Confie que a força mais poderosa do universo reside dentro de você.

---

*Pensamentos positivos geram ações positivas,
que geram sentimentos positivos e atitudes assertivas.*

Fábia Braga

CAPÍTULO 20

O poder da ação

A ação é a chave para o progresso. O poder da ação é o que transforma intenções em realizações. Sem ação, não há progresso, não há aprendizado e não há crescimento. A ação é o que rompe a inércia, cria oportunidades, supera o medo e leva a resultados concretos. Ela é o motor que move o mundo físico e psicológico. Quando você age, não apenas transforma sua vida, mas também influencia o ambiente ao seu redor.

Deixe que pensamentos positivos desencadeiem ações ousadas, que, por sua vez, acendam sentimentos inabaláveis e atitudes assertivas – porque a verdadeira transformação começa na sua mente e se manifesta em cada passo que você dá, ou seja, em suas ações. Mas, para que essas atitudes se transformem em vitória, é necessário algo mais: é preciso estar preparado para entrar no campo de batalha, enfrentar o inimigo de frente e, acima de tudo, estar pronto para vencer.

Lembre-se da história de Davi e Golias. Sim, Deus entregou Golias nas mãos de Davi, mas não sem que Davi tomasse a iniciativa. Davi não ficou parado, esperando que o milagre acontecesse. Ele se dispôs a enfrentar o seu inimigo com coragem e determinação. Com o alforje de pastor e cinco pedras do ribeiro, Davi não andou: ele correu de encontro a Golias. Ele não foi vencido pelas aparências. Aliás, tinha tanto foco que sequer se permitiu ser distraído pelas aparências. Ele acelerou.

O princípio da causalidade da física clássica afirma que "cada efeito tem uma causa correspondente". Isso também se relaciona diretamente ao poder da ação. Para cada resultado que queremos alcançar, há uma série de ações (causas) que precisam ser tomadas. Não há efeito sem uma causa, assim como não há progresso sem ação. Na física, isso significa que nada ocorre sem algo anterior que o provoque. Na vida, o princípio é semelhante: o progresso é causado por uma série de ações bem-executadas.

Voltando à história de Davi e Golias, podemos ver que Davi não tinha os recursos convencionais que um guerreiro típico usaria. Ele não tinha a armadura pesada de um soldado treinado, nem uma espada ou lança afiadas. Em vez disso, utilizou as ferramentas que estavam à sua disposição – o alforje de pastor e cinco pedras lisas do ribeiro. Ele confiava em Deus, e sabia que era a Força Poderosa que daria a ele a vitória. Dessa forma, partiu para a ação...

Davi já havia conquistado a sua vitória muito antes de entrar no campo de batalha. A vitória acontece em nossa mente muito antes do início do combate.

Sun Tzu, o grande estrategista militar chinês, escreveu em *A arte da guerra*:

"Se você conhece o inimigo e conhece a si mesmo, não precisa temer o resultado de cem batalhas. Se você conhece a si mesmo, mas não conhece o inimigo, para cada vitória ganha sofrerá também uma derrota. Se você não conhece nem o inimigo nem a si mesmo, perderá todas as batalhas".

Davi, conhecia a si mesmo e o inimigo. No entanto, sua vitória foi além da estratégia e do conhecimento tático: ele sabia que o verdadeiro inimigo não era apenas Golias, mas a dúvida e o medo que poderiam impedi-lo de avançar. Ao correr para o front, Davi demonstrou não apenas sua coragem e determinação, mas uma sintonia profunda com seu propósito e com a força divina que o guiava. Para ele, a batalha já estava ganha na mente, pois sua confiança estava firmemente alicerçada em Deus, o verdadeiro comandante de sua vida e da sua missão.

Ainda sobre o assunto, Theodore Roosevelt, 26º presidente dos Estados Unidos e um defensor do ativismo e da coragem diante dos desafios, escreveu a seguinte frase:

"Faça o que puder, onde estiver e com o que você tem" (Theodore Roosevelt, citado em diversas fontes de suas declarações públicas).

Essa poderosa citação resume uma filosofia de ação pragmática e determinada. Roosevelt nos lembra que, independentemente das circunstâncias ou dos recursos à nossa disposição, sempre podemos fazer algo para avançar. Assim como Davi fez ao enfrentar Golias com uma simples funda e pedras, e como Sun Tzu destaca em *A arte da guerra*, a verdadeira força não reside nas circunstâncias, mas na disposição interna para agir, mesmo quando os recursos parecem limitados. Essa visão reflete a capacidade humana de superar obstáculos, transformando o que temos à disposição em um instrumento de poder e vitória.

A ação concretiza sonhos

Uma ideia, por mais brilhante que seja, permanece apenas como um conceito até que se tome a iniciativa de colocá-la em prática. O poder da ação está em transformar sonhos e metas em algo tangível. Grandes inventores, líderes e empreendedores foram capazes de alcançar o sucesso porque agiram. Eles não ficaram apenas no plano das ideias; eles as implementaram.

Sem a ação, qualquer sonho ou visão permanece na esfera do irrealizável. A verdadeira mudança só acontece quando você dá o primeiro passo, por menor que seja, em direção ao seu objetivo.

A ação rompe a inércia

Como já vimos neste livro, na física, a inércia é a tendência de um objeto permanecer em repouso ou em movimento, a menos que uma força externa atue sobre ele. Na vida, essa força externa é a ação. O poder da ação reside em sua capacidade de romper a inércia pessoal ou situacional.

Quando estamos parados, tendemos a permanecer estagnados, mas um simples ato pode nos colocar em movimento e gerar um ciclo de progresso contínuo. Uma vez que você age, mesmo que inicialmente de forma hesitante, o movimento gera mais movimento, criando *momentum* e facilitando a superação de obstáculos.

A ação supera o medo

Muitas vezes, o medo nos impede de avançar. O receio de falhar, de ser criticado ou de enfrentar o desconhecido pode paralisar. No entanto, o poder da ação está em o superar. Quando agimos, mesmo com receio, percebemos que o medo é uma barreira mental que pode ser derrubada.

A ação gera coragem, porque nos dá uma base de experiência e aprendizado que, por sua vez, nos prepara para lidar com desafios maiores no futuro. Ao agir, começamos a perceber que a maioria dos medos é infundada e que somos capazes de lidar com mais do que imaginávamos.

A ação cria oportunidades

O poder da ação reside, em grande parte, na sua capacidade de abrir portas para novas oportunidades. Ao tomar a decisão de agir, você se coloca no caminho de possibilidades que, de outra forma, seriam inacessíveis caso permanecesse inativo. A ação gera movimento e permite que novas conexões, recursos e soluções se tornem acessíveis, seja na esfera pessoal ou profissional. Quando você inicia um projeto ou uma nova iniciativa, começa a atrair tudo o que precisa para avançar, como colaborações e soluções que antes não estavam ao seu alcance.

Enquanto a inação o mantém preso em um ciclo de possibilidades não exploradas, a ação expande horizontes e traz consigo um campo infinito de oportunidades. Davi, ao agir com coragem e convicção, não só derrotou o gigante Golias, mas também se preparou para o papel maior que o aguardava: o de governante de Israel, cumprindo assim o propósito divino em sua vida. Por meio da ação, Davi se tornou rei, e essa vitória foi o início de um novo capítulo de sua jornada.

A ação gera resultados

Mesmo que os primeiros passos sejam pequenos ou os efeitos iniciais não sejam os desejados, a ação traz movimento e progresso. Pequenas ações diárias somadas ao longo do tempo criam grandes resultados. Cada ação é um passo em direção à meta final. E, mesmo que haja erros ou falhas no caminho, o importante é que a ação contínua leva ao aprendizado e à melhoria.

Quando você age, pode avaliar o que está funcionando, o que precisa ser ajustado, o que ajuda a manter o foco nos resultados e no sucesso a longo prazo.

Quando agimos e vemos as consequências, mesmo pequenas, nossa confiança cresce. O poder da ação está em criar um ciclo positivo: quanto mais você age, mais segurança adquire para enfrentar desafios maiores e assim sucessivamente. Cada sucesso, por menor que seja, aumenta sua fé na própria capacidade de realizar. E, ao longo do tempo, essa confiança torna você mais propenso a agir novamente, criando um ciclo virtuoso de ação e progresso.

Lembre-se: hoje melhor que ontem e amanhã melhor que hoje.

A ação transforma obstáculos em degraus

Sem ação, os obstáculos parecem barreiras intransponíveis. Mas, quando você age, muitas vezes percebe que eles são oportunidades de crescimento e aprendizado. A ação nos permite ver os desafios sob uma nova perspectiva – como algo que podemos superar e, mais importante, aprender.

De acordo com a teoria da relatividade de Einstein, o movimento de um objeto sempre depende do ponto de vista do observador. Independentemente da situação, se for necessário, mude o seu ponto de vista e não perca o seu movimento. Acredite, é o movimento (a ação) que define a mudança de estado de um sistema. Para quem age, o progresso é sentido, enquanto para quem está em repouso, tudo parece estagnado.

As leis da física demonstram que a ação é essencial para gerar movimento, transformação e progresso. Sem a aplicação de uma força ou de uma ação consciente, o estado natural das coisas é a inércia ou a desordem crescente. Cada ação, assim como na física, gera uma reação, um resultado. Seja para criar movimento, acelerar o progresso ou manter a ordem, a ação é a chave que libera energia e transforma o potencial em realidade. Assim como no universo físico, a vida exige atividade para que o progresso ocorra. Na vida, isso se reflete no fato de que, sem agir, ficamos parados, presos em nossas circunstâncias.

Agora, olhe para a sua própria vida. Quais são os gigantes que você precisa enfrentar? Quais desafios estão à sua frente? Seja qual for o obstáculo, a estratégia utilizada por Davi foi muito clara: movimente-se. Gere ação. Não procrastine. Não permita que o medo te paralise. Corra para o *front*, enfrente seus problemas com coragem e confie plenamente que o sobrenatural de Deus agirá em seu favor.

Não há vitória sem luta, e não há luta sem ação. Este é o seu momento de agir.

DICAS DE OURO

O que você tem em suas mãos? Utilize.
Não espere por recursos ideais ou condições perfeitas. Avalie o que já tem – habilidades, conhecimentos e ferramentas – e use-os da maneira mais eficaz possível.
Aposte em suas forças. Conheça suas habilidades e seus pontos fortes. Foque em maximizar o que você faz bem, em vez de tentar competir em áreas nas quais não está preparado.
Adote uma estratégia inteligente. Em vez de seguir o caminho convencional, pense fora da caixa. Aborde os problemas de maneira assimétrica, utilizando táticas e abordagens que surpreendam e desequilibrem o adversário.
Aja com determinação. Não hesite ou procrastine. Quando estiver confiante em sua estratégia e preparado, avance com convicção.
A ação decisiva pode ser o diferencial entre o sucesso e o fracasso.
Confie em Deus. Além de habilidades e planejamento, coloque sua confiança na força mais poderosa do universo. A fé pode fornecer a coragem e a força necessárias para enfrentar desafios que parecem impossíveis.
Mantenha o foco no objetivo.
A clareza de propósito ajudará a manter a motivação, mesmo diante de grandes desafios. Acredite que diante de cada crise você encontrará uma grande oportunidade.
Enxergue oportunidade de maneira obstinada.
Aja agora mesmo.

Não há possiblidade do ser humano ser depressivo e grato ao mesmo tempo. Se uma pessoa está depressiva, não consegue ser grata. Quando estamos realmente gratos, temos uma sensação de plenitude e bem-estar, e não nos sentimos deprimidos nem aprisionados.

Fábia Braga

CAPÍTULO 21

O poder da gratidão

Quando evoluímos como pessoas, desenvolvemos naturalmente a gratidão como um traço essencial de nossa jornada. A evolução pessoal é um processo de crescimento e amadurecimento, e a gratidão se torna uma das principais marcas desse progresso. Isso acontece porque, à medida que nos tornamos mais conscientes de nós mesmos e do mundo ao nosso redor, começamos a enxergar o valor das experiências, das pessoas e até dos desafios que encontramos ao longo do caminho. Este livro te levou ao desenvolvimento da inteligência espiritual, e isso é evolução, a verdadeira evolução.

Quando evoluímos, desenvolvemos o senso de gratidão.

A gratidão não deve ser uma prática ocasional, mas sim uma parte essencial da sua rotina diária, especialmente para preservar sua saúde mental. Incorporar a gratidão na sua vida leva a uma mudança na perspectiva, promovendo uma atitude mais positiva em relação ao mundo ao seu redor. Como vimos no início deste livro, atitudes positivas têm o poder de gerar resultados positivos – um princípio que encontra eco na terceira lei de Newton: para cada ação, há uma reação de igual intensidade. Quando praticamos a gratidão, desencadeamos uma série de reações que podem melhorar não apenas nosso bem-estar pessoal, mas também as interações e experiências que temos com os outros.

A ciência da gratidão é um campo de estudo dentro da psicologia positiva que explora como a prática regular desse sentimento pode ter impactos profundos e mensuráveis na saúde mental, física e social das pessoas. Esse campo investiga os efeitos da gratidão no cérebro, no comportamento e nas relações interpessoais, oferecendo *insights* sobre como essa simples prática pode transformar vidas.

Em 1 Tessalonicenses 5:18, o Apóstolo Paulo disse:

"Em tudo dai graças".

Quando Paulo instruiu os cristãos a darem graças em tudo, ele propôs uma prática espiritual que transcende as circunstâncias imediatas, promovendo uma atitude de gratidão contínua e inabalável. A ciência moderna corrobora os efeitos benéficos da prática, mostrando que a gratidão tem impactos profundos e mensuráveis na saúde em geral.

A neurociência da gratidão revela que a prática regular é passível de mudar a forma como o cérebro funciona. Estudos utilizando neuroimagem mostram que esses efeitos podem levar a uma maior sensação de bem-estar e a uma redução do estresse. Ainda demonstram que tal prática ativa áreas específicas do cérebro, como o córtex pré-frontal e o sistema de recompensa, que estão associados ao prazer, à regulação emocional e ao processamento cognitivo, além do sistema de recompensa.

Ao dar graças em todas as circunstâncias, mesmo nas difíceis, fortalecemos essas áreas do cérebro, o que nos ajuda a enfrentar desafios com maior resiliência e uma perspectiva mais positiva. Isso ecoa da orientação de Paulo, sugerindo que uma prática constante de gratidão tende a transformar a maneira como experimentamos e respondemos à vida.

A instrução de Paulo para dar graças em tudo não é apenas uma recomendação espiritual, mas também um conselho que a ciência moderna valida como benéfico para o bem-estar humano. A inteligência espiritual de Paulo, quando aplicada em conjunto com os princípios científicos, oferece um caminho poderoso para transformar nossa perspectiva e realidade.

À medida que evoluímos, passamos a entender que cada experiência, seja boa ou ruim, carrega um aprendizado valioso. Começamos a perceber que os desafios são oportunidades para o crescimento pessoal e que as dificuldades moldam nosso caráter.

Com essa compreensão, desenvolvemos gratidão por tudo pelo que passamos, pois reconhecemos que as experiências nos tornaram mais fortes, resilientes e sábios.

A gratidão deixa de ser apenas por aquilo que é confortável ou positivo e passa a incluir também os momentos difíceis, porque eles nos ensinam lições essenciais. Evoluir é perceber que não é só o sucesso que importa, mas também o processo de superação.

Ser grato é sinônimo de evolução.

A prática da gratidão

A gratidão muda o foco da mente. Em vez de nos concentrarmos no que nos falta ou no que está errado, ela nos permite ver o que já temos e valorizar as coisas boas em nossa vida. Essa mudança de foco cria um efeito profundo sobre como percebemos a realidade e nossas circunstâncias.

Quando somos gratos, mesmo em meio a dificuldades, mudamos nossa perspectiva para o que é positivo e o que podemos aprender com cada situação. Isso nos ajuda a encontrar o lado bom até mesmo de momentos difíceis, promovendo uma mentalidade mais resiliente e otimista.

A gratidão é uma habilidade e, por isso, pode ser adquirida. Praticando-a, você vai gerar uma mentalidade de abundância. Ao focar o que temos, começamos a perceber que a vida é rica em experiências, pessoas e oportunidades. Essa sensação de abundância nos afasta da mentalidade de escassez, a qual nos induz a nos concentrarmos no que falta ou no que não conseguimos.

A prática da gratidão nos traz benefícios mentais e emocionais além de ter um impacto positivo na nossa saúde física. Pessoas que praticam a gratidão regularmente relatam melhor sono, níveis mais baixos de inflamação e uma imunidade mais forte. A gratidão ajuda a reduzir os níveis de cortisol, o hormônio do estresse, o que contribui para uma melhor saúde geral. Pessoas gratas também tendem a cuidar melhor de si mesmas, com uma maior disposição para adotar hábitos saudáveis, como exercícios regulares e uma alimentação equilibrada. O bem-estar físico e mental estão interligados, e a gratidão age como um catalisador para melhorar ambos.

Ao cultivá-la, criamos uma mentalidade que atrai mais possibilidades de sucesso. Pessoas gratas tendem a ser mais otimistas e motivadas, e essa postura positiva as coloca em posição de reconhecer e agarrar as oportunidades quando surgem. Além disso, a gratidão ajuda a manter o foco no que é importante e promove uma ética de trabalho que valoriza o progresso contínuo, em vez de se prender ao perfeccionismo. Essa abordagem mais equilibrada e realista leva a uma maior chance de alcançar sucesso e prosperidade.

Você pode implementar a prática da verdadeira gratidão em seu dia a dia.

Com pequenos atos, você incorpora isso a seu cotidiano; como escrever diariamente ou semanalmente sobre as coisas pelas quais é grato; enviar uma mensagem de agradecimento para alguém; dedicar alguns minutos por dia para meditar ou refletir sobre os aspectos positivos da sua vida; agradecer verbalmente ao Criador do Universo e às pessoas ao seu redor por suas ações e apoio. Essas são formas poderosas de cultivar a gratidão nas relações diárias.

DICAS DE OURO

Tenha uma vida pautada na gratidão. Seja grato.
Agradeça a Deus todos os dias. Exale gratidão.
Quando quiser reclamar de alguma coisa, procure algo que possa agradecer.
Acione o modo gratidão em sua vida.

"*Conhecereis a verdade, e a verdade vos libertará*".

Jesus Cristo

CAPÍTULO 22

Avance

A estrada até aqui foi longa. O caminho percorrido revelou mais do que o esperado e o imaginado quando a jornada começou. Cada obstáculo, cada tropeço e cada pequena vitória pavimentaram a rota do agora. Chegou-se àquele ponto crucial em que não há mais como voltar atrás. O ponto em que avançar é a única escolha. Sim, você chegou aqui.

Contextualizei a jornada à luz das Sagradas Escrituras, da física clássica, da astronomia, psicologia, lógica e filosofia. Agora, diante do horizonte que se abre, o avanço não é apenas um passo físico, mas um salto de fé.

A vida nos ensina que a inércia é uma prisão disfarçada de conforto. Quantas vezes não ficamos parados, hesitantes, esperando que o tempo resolva aquilo que só a ação pode transformar?

Avançar é compreender que a incerteza sempre estará presente, mas ela não deve ser um freio, e sim um lembrete de que o desconhecido é parte do crescimento. Se ficarmos sempre onde estamos, seguros dentro das nossas próprias limitações, nunca descobriremos nossas reais capacidades.

Hoje, o avanço é uma escolha consciente. É o momento de deixar para trás as dúvidas, os medos e os egos, e seguir em frente com a coragem que foi forjada por tudo que conversamos até aqui. O amanhã pertence àqueles que se atrevem a continuar.

Avançar é um ato de amor-próprio, de confiança no futuro e, acima de tudo, de acreditar no potencial que há dentro de cada um de nós. Avance, mesmo que os passos sejam pequenos, mesmo que o caminho ainda pareça incerto.

Cada movimento é uma nova chance de criar, de construir, de transformar. Provoque os movimentos necessários em sua vida e avance.

Se necessário, vença a gravidade.

O futuro está esperando. E, para alcançá-lo, basta um único ato: avançar. O modo avançar é uma mentalidade ou uma postura que adotamos quando decidimos seguir em frente, independentemente de desafios, medos ou incertezas. É um estado de ação contínuo e progressivo, por meio do qual, em vez de ficarmos parados ou presos em dúvidas e hesitações, escolhemos avançar com determinação em direção aos nossos objetivos.

Em Deuteronômio 31:6, Moisés fala ao povo de Israel e os orienta ao avanço:

"Esforçai-vos e animai-vos; não temais, nem vos espanteis diante deles, porque o Senhor vosso Deus, é o que vai convosco; não vos deixará e nem te desamparará".

O verbo "esforçai-vos" vem do termo hebraico *razak* e significa ser forte, fortalecer, prevalecer, endurecer, ser corajoso. Esforçar é transmitir coragem e entusiasmo, incorporar aprendizado contínuo. Uma outra palavra desse texto que nos chama atenção é "animai-vos", que vem do hebraico *amets* e remete a ser valente, forte e corajoso, além de estar em alerta. Essa expressão diz respeito a uma insensibilidade quanto ao que ocorre ao redor e uma busca pelo objetivo maior a ser atingido.

Sabe qual é o grande segredo dos vencedores desde os primórdios da humanidade? É o fato de eles se esforçarem acima da média e avançarem sempre. Então, permita que tudo que você aprendeu faça parte de sua estrutura cerebral.

Chegamos ao fim do livro, mas no início de uma nova biografia na sua vida.

Os ensinamentos compartilhados nestas páginas não têm nada a ver com religião. *A religião mata; o conhecimento liberta.*

Tudo é sobre você ativar a força que existe dentro de você.

Quando Moisés estava mentoreando o seu sucessor, Josué, ele o instigava ao esforço diário:

> *"Esforça-te e anima-te, porque com este povo entrarás na terra que o Senhor jurou a teus pais lhe dar; e tu os farás herdá-la"*
> *(Deuteronômio 31:7).*

Após a morte de Moisés, o próprio Criador do Universo falou com Josué para que adotasse uma vida de coragem, ousadia, esforço contínuo e movimento.

> *"Esforça-te, e tem bom ânimo; porque tu farás a este povo herdar a terra que jurei a seus pais lhes daria. Tão-somente esforça-te e tem mui bom ânimo, para teres o cuidado de fazer conforme a toda a lei que meu servo Moisés te ordenou; dela não te desvies, nem para a direita nem para a esquerda, para que prudentemente te conduzas por onde quer que andares. Não se aparte da tua boca o livro desta lei; antes medita nele dia e noite, para que tenhas cuidado de fazer conforme a tudo quanto nele está escrito; porque, então, farás prosperar o teu caminho e, então, prudentemente te conduzirás. Não to mandei eu? Esforça-te e tem bom ânimo; não pasmes, nem te espantes; porque o Senhor, teu Deus, é contigo, por onde quer que andares"*
> *(Josué 1:6-9).*

Aproximando-se os dias da morte da Davi, ele deu ordem a Salomão para que se esforçasse, dizendo:

> *"Eu vou pelo caminho de toda a terra; esforça-te, pois, e sê homem"*
> *(1 Reis 2:2).*

Tenho plena certeza de que algo extraordinário está prestes a emergir no universo da sua vida. Com todo o conhecimento que você acumulou lendo este livro, sua trajetória já atingiu o ponto de ignição – **o momento de avançar é agora**. Josué, Davi, Salomão, Jabes e José não estão mais aqui. Quem resplandece neste vasto agora, no infinito do momento presente, é **você**.

O seu modo avançar não pode esperar. Não é apenas uma decisão; é uma postura de vida. Significa entender que, embora as dificuldades e os obstáculos sejam inevitáveis, você tem o poder de seguir em frente. A vida é cheia de incertezas, e esperar por condições perfeitas pode nos manter parados por tempo demais. O momento de avançar não depende de circunstâncias ideais, mas da sua vontade de agir agora.

Estar no modo avançar é, acima de tudo, uma decisão. É decidir seguir em frente mesmo quando o caminho parece difícil. Se você decidir permanecer onde está, ficará preso às mesmas rotinas e aos mesmos problemas. Mas, quando decidir avançar, mesmo sem saber exatamente como as coisas vão se desenrolar, abrirá as portas para novas oportunidades e possibilidades. O importante é continuar em movimento, porque isso gera o progresso.

Talvez o maior desafio do modo avançar seja vencer as batalhas travadas dentro de nós mesmos. O medo do fracasso, a dúvida, a ansiedade – essas são as verdadeiras barreiras que nos impedem de agir. Quando nos deixamos dominar por esses sentimentos, ficamos paralisados, esperando que algo ou alguém mude a nossa situação. Mas o modo avançar exige que você enfrente essas batalhas internas. Significa que, mesmo com medo, você age. Mesmo com incertezas, você dá o próximo passo. Com o tempo, você perceberá que essas barreiras internas começam a enfraquecer, tornando-o cada vez mais forte e resiliente.

Tenha em mente sempre o próximo passo.

A ação é a chave para o avanço. Nenhuma mudança, nenhum crescimento acontece sem ação. Você pode planejar, sonhar e refletir, mas é a ação que transforma ideias em realidade. A ação é a força motriz do avanço. E o melhor momento para agir é agora. Não espere até que se sinta totalmente preparado. Muitas vezes, o verdadeiro aprendizado e crescimento vem no decorrer da ação.

Entenda, o modo avançar é uma prática diária.

Muitas vezes, pensamos que o futuro está distante, que é algo para o qual ainda temos muito tempo para nos preparar. Mas a verdade é que o seu futuro começou agora. Cada ação realizada hoje molda o seu amanhã. Não espere por circunstâncias perfeitas; faça do agora o momento perfeito para avançar.

Ao agir hoje, você está lançando as bases para o seu futuro. E mesmo que os resultados não sejam imediatos, eles virão. O que é plantado agora será colhido mais tarde. O modo avançar é sobre reconhecer que você tem o poder de construir o seu futuro, um passo de cada vez.

A jornada nunca termina

O modo avançar não tem um fim definitivo. É uma jornada contínua de crescimento, aprendizado e superação. Cada etapa vencida leva a uma nova fase de desafios e oportunidades. A vida não para, e seu progresso também não deve parar.

Continue se movendo, continue crescendo e continue acreditando que há sempre mais a ser alcançado.

DICAS DE OURO

Tenha consciência de que o reino de Deus está dentro de você.
Faça isso ecoar pelo universo em seu favor.

grupo novo século

Compartilhando propósitos e conectando pessoas
Visite nosso site e fique por dentro dos nossos lançamentos:
www.gruponovoseculo.com.br

ns

- facebook/novoseculoeditora
- @novoseculoeditora
- @NovoSeculo
- novo século editora

gruponovoseculo.com.br

Edição: 1ª
Fonte: Crimson Pro e Gelica